心ふれあう

ネタ

セッション

帳

職人たちのおくりもの

For Kids

心ふれあう
セッション
ネタ帳 For Kids
職人たちのおくりもの

CONTENTS

音楽療法のセッションで、特別支援教育の現場で、
そして保育園や幼稚園、ピアノレッスンにも
幅広く応用できる音楽活動のアイデアを集めました。
対象の子どもたちに寄り添い、
一人ひとりの成長を支援する音楽療法士たちが
音楽の専門性を駆使し、子どもたちと向き合うなかで
生み出してきた『旬のネタ』ばかりです。
選曲や設定を工夫することで、高齢者や一般の活動にも使えます。
それぞれのニーズによって工夫を凝らし
多彩な活動に進化させてください。

下川英子
SHIMOKAWA Eiko

根岸由香
NEGISHI Yuka

アンパンマンのマーチ

樋口利江子
HIGUCHI Rieko

鈴木涼子
SUZUKI Ryoko

ペッパー警部

振り付け：内田あずさ
漫画制作：石井美宣

ネタ帳

智田邦徳
CHIDA Kuninori

福田りえ
FUKUDA Rie

あてふり＆パラパラまんが　作者コメント

（みんなでポーズ）

そうだ

二俣泉

HUTAMATA Izumi

赤羽美希

AKAHANE Miki

企画・編集
芹澤一美

装幀・デザイン
光本順一

楽譜浄書
株式会社　スタイルノート
http://www.stylenote.co.jp

みん

成長し続ける子どもたち

下川英子

　このところ、病院や療育センター、保育園の育成クラス（障がいのある子どもが在籍するクラス）での仕事に加え、保育園の普通クラスでのセッションが増えてきました。なぜかというと、育成クラスのセッションの笑い声やタイコの音が楽しそうで、「うちのクラスでもやってみて！」と普通クラスの先生に声をかけられるからです。０歳から6歳児まで、年齢により方法は違いますが、音楽療法の視点を活かした取り組みをしています。

　自己表現やコミュニケーションを活発にする音楽療法の視点は、厚生労働省の保育所保育指針にも同じような文言が書いてあるのですが、実際は教え込む音楽、そろえる音楽が主流で、そろえられない子は置いてきぼりにされていることが多いのです。そんな中で一人ひとりの表現を活かす取り組みを保育園でやったところ、子どもたちは実にのびのびと楽しそうに表現するようになりました。

　18～21ページに紹介している即興のグループ制作は保育園で生まれました。何年もこの活動を続けていると、友だちの表現に対する観察力も、音に対する注意力も高まり「（私の）ピアノの音がうるさかった」とか「雷のあとの虹のダンスが良かった」など感想を言うようになります。

　また、年中組の時は好きな楽器を鳴らしっぱなしにしていた子どもたちも、年長組になってくると、自分たちで即興的に「鳴らす場所」を考えて構成していく姿が見られます。私は何も教えていないのに、構成感が出るのです。子どもが持っている成長力は素晴らしいです。

　10～17ページの音程楽器を使った活

ポーズ！

9 ネタ帳 For Kids 下川英子

うれしいんだ

動は、発達がゆっくりな子どもたちが音楽療法を継続してゆく中で、音程を理解し始める時に用います。高機能の方はのぞいて、発達障がいのお子さんでも知的な発達がゆっくりな子どもたちが使ってきました。

初めて「こぶたぬきつねこ」が一人でできた日、子どもは皆、嬉しそうにしていました。やらせるのではなく、できたことが嬉しいという時が、音程楽器を進めるタイミングです。年齢には関係ありません。

17歳で初めて私の所に来たダウン症（21番トリソミー）の女性は、はじめは歌に合わせて掌でピアノのあちらこちらを叩いていました。それも表現ですが、試しに色シールを使って「キラキラ星」を提示してみると、すぐに弾けたのです。そこから始まって15年後の今、自分の好きな歌のメロディと伴奏は自分で考えて両手で弾きますし、ラデツキー行進曲をはじめクラシックの曲もアレンジしてあげるとずっと弾いています。作業所から戻り、働いているお母さんが帰宅する8時過ぎまで、一人でピアノを弾いて待っているそうです。

楽譜が読めなくても、色シールを使ってキーボードのメロディ奏やカウンターライン、Qコード（コード奏のできる電子楽器）などを使って、地域のコンサートに出演している方もたくさんいます。音楽を一生の友にしてほしいというのが、私の願いです。

東京藝術大学作曲科大学院修了後、日本音楽療法学会認定音楽療法士となり、病院や療育施設の音楽療法を続けるかたわら、保育園において音楽療法の視点を生かした音楽表現活動を続ける。勤務先は埼玉療育園リハビリテーション科、さいたま市療育センター。お茶の水女子大学、東京家政大学。著書に「音楽療法・レッスン・授業のためのネタ帳」（音楽之友社／共著）「音楽療法・音あそび　統合保育・教育現場に生かす」（音楽之友社）

SHIMOKAWA Eiko

な

音程を理解してメロディーを奏でる

ランチメニューのような名前ですが、ゆっくり発達してきた子どもたちが、音程を理解して既成のメロディを奏でる第一歩の活動です。まず「こぶたぬきつねこ」の歌を、絵カードを使いながら「ブブブー、ポンポコポン……」と歌う期間が必要です。この歌がなじんできたら、「ねこ」の部分だけをデスクベルか音積木を出して叩いて見せて、子どもに託します。「ねこ」ができたら、レを入れて「こぶた」にすると言うように少しずつ増やしていきます。

写真のように色シールを使って、「こぶた＝ド赤・レ橙・ミ黄」「たぬき＝ファ緑・ミ黄・レ橙」「きつね＝シ紫・ド赤・レ橙」「ねこ＝ミ黄・ド赤」の4セットを作り、4人で1匹ずつ動物を担当します。一度にたくさんの情報を入れるのはさけて、リズムは無視してください。肢体不自由の方はデスクベルを使うことが多いですが、手を動かす方向にも左右差があります。手を右方向に動かす「こぶた」「きつね」と、左方向へ動かす「たぬき」「ねこ」のどちらかがやりにくかったら、並べ方を逆にしてしまっても構いません。その子どもの叩きやすいように並べてください。

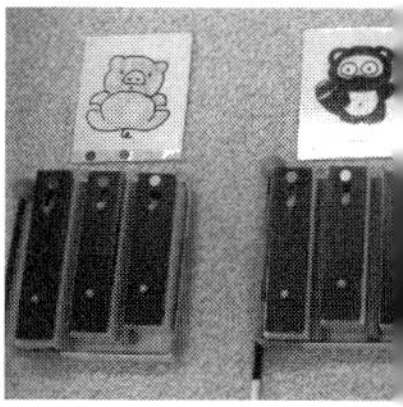

音程楽器の使い方―1
「こぶたぬき・セット」

動物をチェンジしてもこなせるようになったら、一人で全部の動物を担当します。それもできたら「ソラ」の音を加えて、後半部分（ミファソ、ラソファ、レミファ、ソド）も演奏します。

［使用楽器］チャイムバー、音積木、デスクベル

イラスト
下川英子

（リーダーがポーズ）

い

11 ネタ帳 For Kids 下川英子

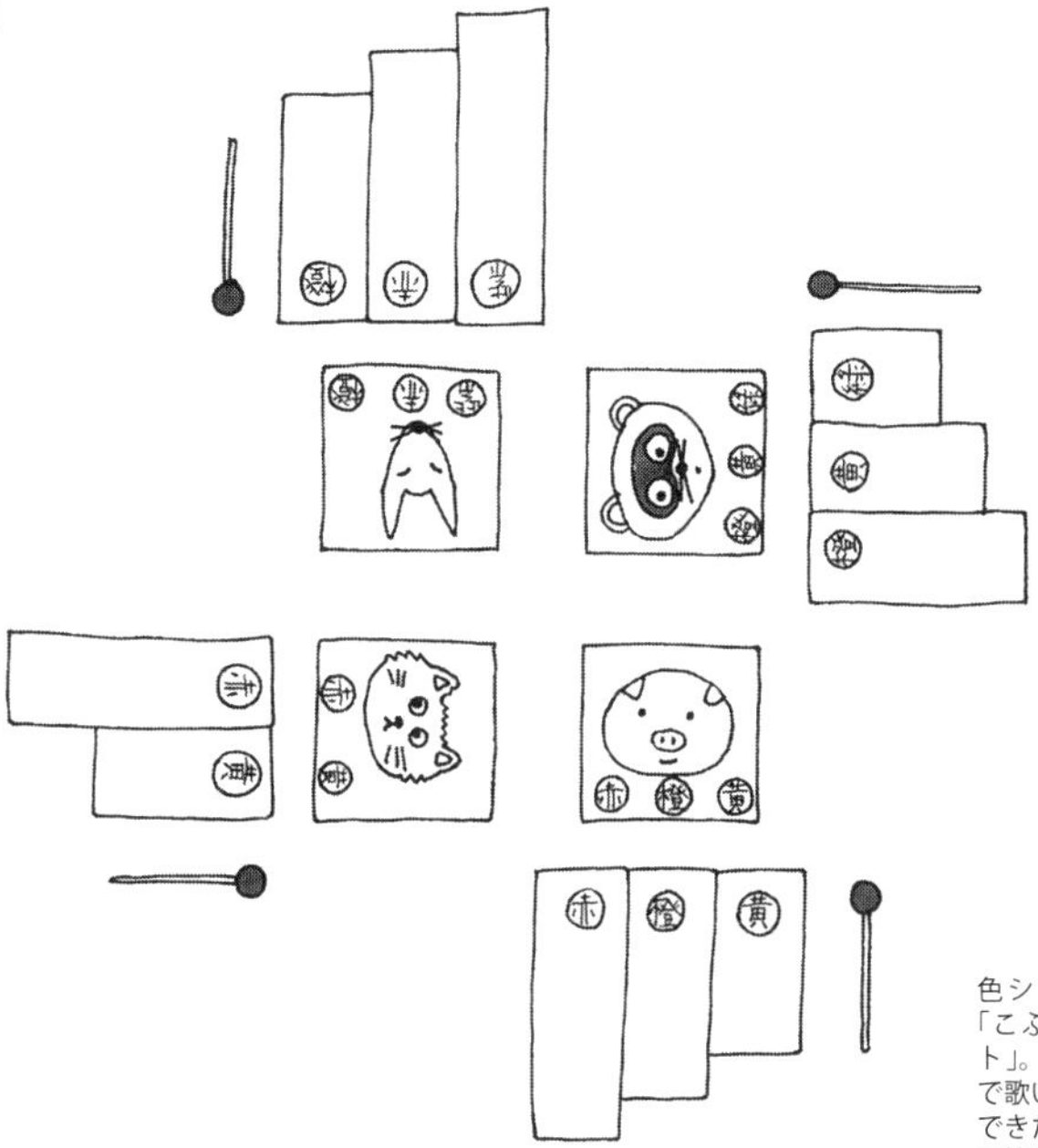
赤
橙
黄
赤
橙
黄

色シールを貼った「こぶたぬき・セット」。絵カードだけで歌い、歌になじんできたら「ねこ」から始める

こぶたぬきつねこ　■絵カードの次の段階　　作詞・作曲　山本直純

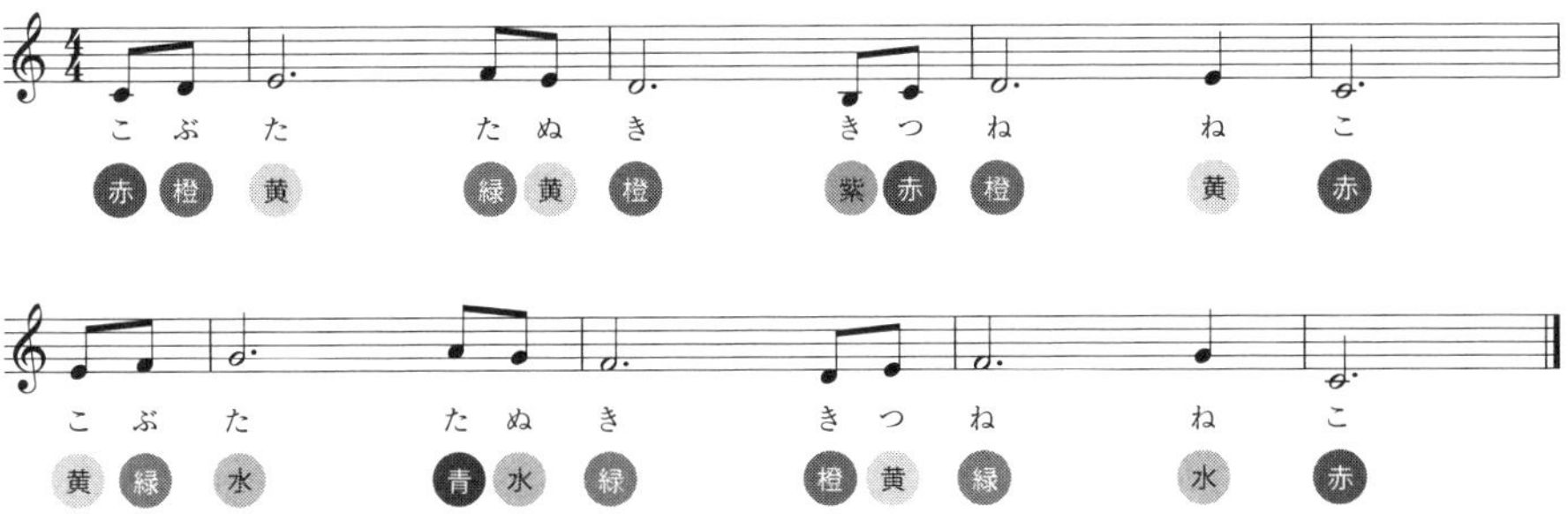
こ ぶ た　た ぬ き　き つ ね　ね こ
赤 橙 黄　緑 黄 橙　紫 赤 橙　黄 赤
こ ぶ た　た ぬ き　き つ ね　ね こ
黄 緑 水　青 水 緑　橙 黄 緑　水 赤

一

12 ネタ帳

音程楽器の使い方―2
「ジングルベル」

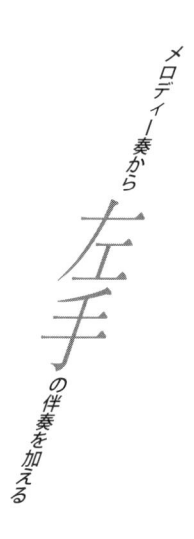

メロディー奏から左手の伴奏を加える

「こぶたぬきつねこ」が一人で演奏できるようになったら、キーボードやピアノでも演奏できます。文字が読めなくても楽譜を作り、色シールをつけます。鍵盤にも必要なだけの色シール（ド赤・レ橙・ミ黄・ファ緑・ソ空・ラ青・シ紫）を貼ってあげて、「メリーさんの羊」「チューリップ」「ジングルベル」など、レパートリーを拡げてください。

　大人だけがやらせたがって、子どもはやりたくないというような時は、絶対に無理にやらせません。指使いは子どもの様子を見ながら進めます。無理せず1本指から始め、しだいに複数の指も動かすようになってきたら、使う指を増やしていきます。障がいによって指が短かったり、麻痺があったり、指も一人ひとり違います。音楽療法士や先生が、その子どもに合わせて考えてあげるのが「指使い」です。不随意運動（意思とは関係なく現れる異常運動）のある方には鍵盤に滑り止めを貼ってあげると良いでしょう。（写真と15ページのイラスト参照）

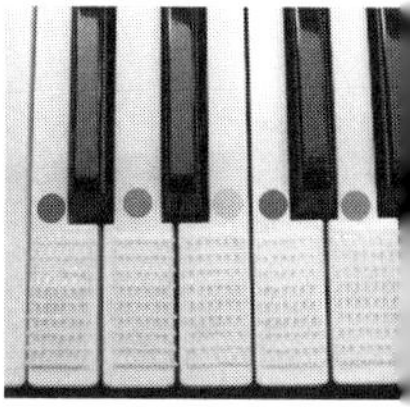

　さて、右手でかなりメロディーが弾けるようになったら、左手（和音伴奏）の登場です。ピアノのように減衰性の音より、キーボードのストリングスのように持続性のある音色を使うとハーモニーを感じやすいです。1曲を2種類の和音（ドソ、シソ）や（ドファ、ドミ）で伴奏するところから始めます。

ポーズ！

きる

13 ネタ帳 For Kids 下川英子

ジングルベル

■右手を覚える

黄 黄 黄 黄 黄 黄 黄 水 赤 橙 黄
み み み み み み み そ ど れ み
緑 緑 緑 緑 緑 黄 黄 黄 橙 橙 赤 橙 水
ふぁ ふぁ ふぁ ふぁ ふぁ み み み れ れ ど れ そ

ジングルベル

■右手は覚え、左手をつける

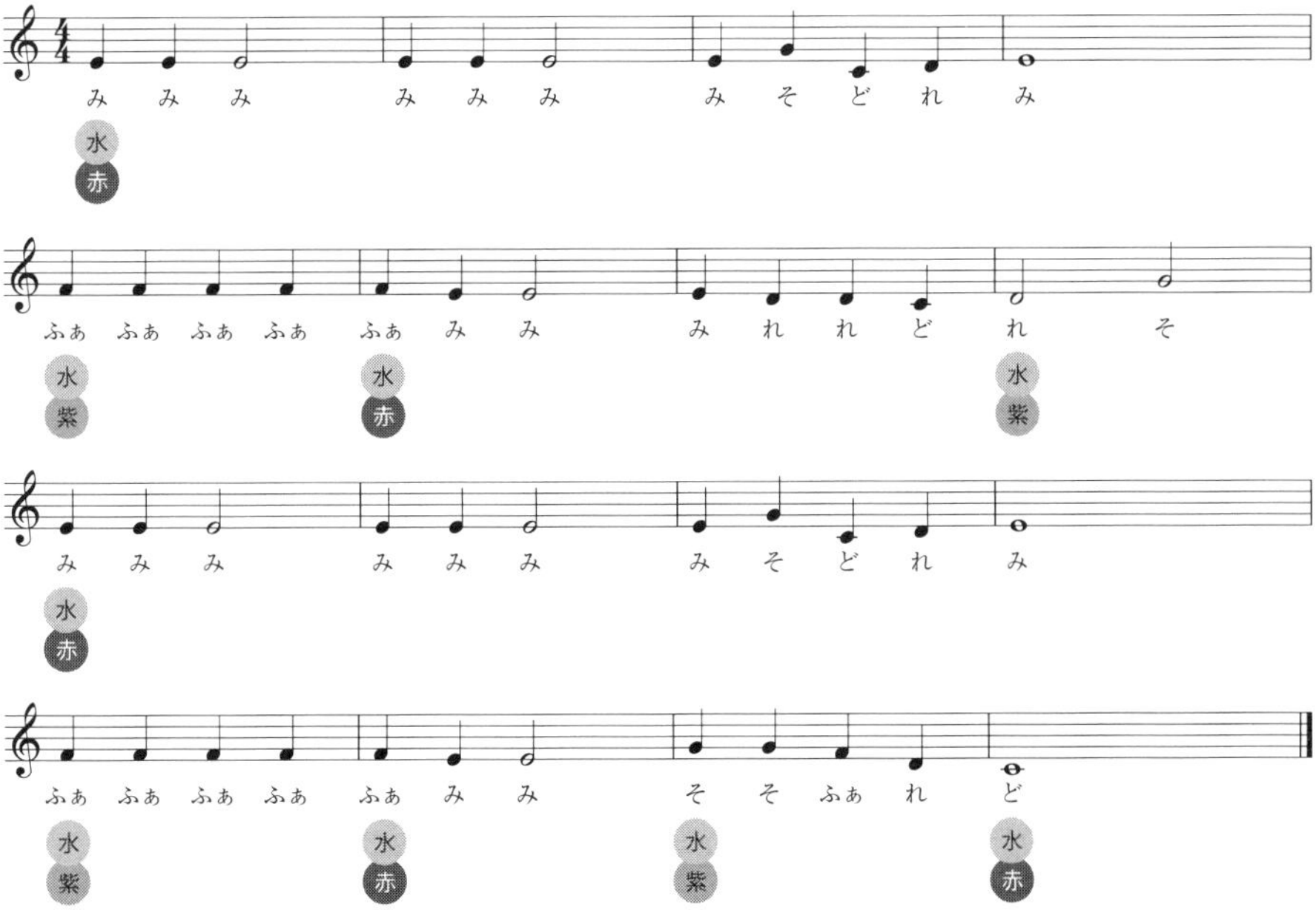

み み み み み み み そ ど れ み
水
赤
ふぁ ふぁ ふぁ ふぁ ふぁ み み み れ れ ど れ そ
水 水 水
紫 赤 紫
み み み み み み み そ ど れ み
水
赤
ふぁ ふぁ ふぁ ふぁ ふぁ み み そ そ ふぁ れ ど
水 水 水 水
紫 赤 紫 赤

で

簡単な伴奏をつける

音程楽器の使い方―3「キラキラ星」

色を音程理解の一助とする方法は、はじめから楽譜を理解できる方には使いません。発達障がいや肢体不自由と知的障がいを併せ持つ子どもたちが対象です。また色シールを使って始めても、文字や五線紙の理解が進むことで必要なくなる方も多くいます。大切なのはその方の人生の中で、一人でキーボードを弾いて楽しんだり、友人とグループを組んで合奏を楽しんだりできるようにすることで、一人ひとりに合わせた補助を考えてあげることです。

保続音（いくつかの和音にわたって持続する音）を使った簡単伴奏は「ジングルベル」「チューリップ」「ぶんぶんぶん」「メリーさんの羊」などいろいろな曲で応用できます。それらに慣れてきたら和音の種類を増やしましょう。「キラキラ星」は（ドミ、ドファ）の2種類だけでも伴奏をつけられますが、4種類の和音（ドミ、ドファ、ドソ、ドラ）を使うとてもきれいです。色シールを用いて鍵盤の位置を示し、音色にキーボードのストリングスを選ぶととてもきれいに響きます。

セッションのプログラムは子どもに寄り添って即興的に進行したり、感覚統合的に身体を動かしてから、打楽器を使ったりと、いろいろな組み方があると思います。視覚的な理解がある方には、マグネットシートを使った予定表を提示すると見通しが立ちやすく落ち着いて活動ができます。ひとつ終わったら、はがして行きます。慣れてくると自分でやりたい活動をホワイトボードに貼ってプログラミングをします。

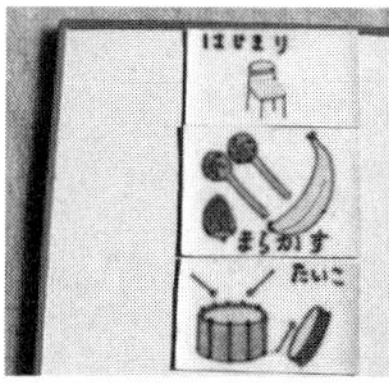

マグネットシートを使った予定表

よろこび

15 ネタ帳 For Kids 下川英子

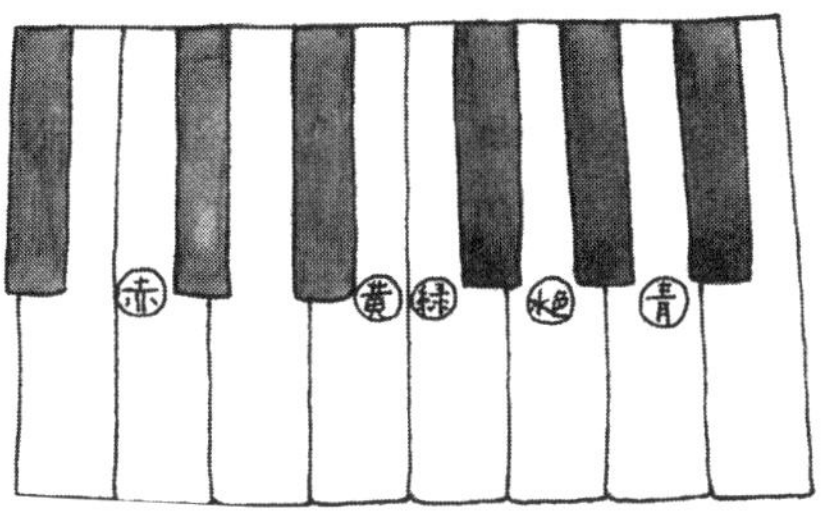
赤
黄
緑
水色
青

※ シールは指に触れないように少し奥に貼る。

紫
赤

100円ショップやホームセンターで販売されている滑り止めを利用

※ すべりどめを両面テープで貼りつける。

キラキラ星 ■右手で弾けるようになったあと

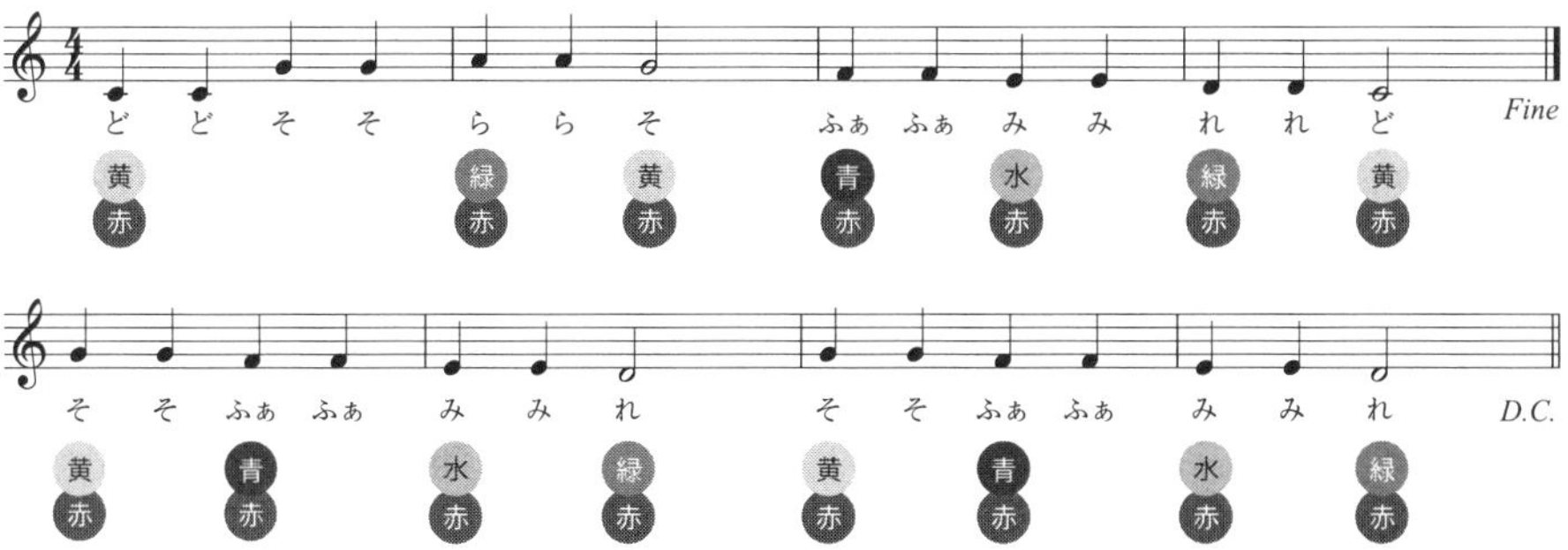
ど ど そ そ ら ら そ ふぁ ふぁ み み れ れ ど
Fine
黄 緑 黄 青 水 緑 黄
赤 赤 赤 赤 赤 赤 赤
そ そ ふぁ ふぁ み み れ そ そ ふぁ ふぁ み み れ
D.C.
黄 青 水 緑 黄 青 水 緑
赤 赤 赤 赤 赤 赤 赤 赤

ダン

歌詞のない曲への工夫のヒント

左手の和音が何種類もできるようになると、普通のピアノメソッドに移行する方もいれば、自分の好きな曲を楽しんでいたいという方もいます。好きな曲もクラシックや童謡などさまざまですが、いずれも単純でわかりやすいアレンジと工夫が必要です。

楽譜は読めなくても「音楽」は存在します。読譜にこだわって音楽嫌いにさせてしまっては元も子もありません。「ねこふんじゃった」が子どもから子どもへ伝わったように、簡単なパターンは覚えやすく楽譜など要らないのです。

クラシックの曲は歌詞がない場合が多いですが、文字が読めればドレミを書いたり、長い曲には先生が作詞をしてあげるとわかりやすい場合があります。たとえば、ラデッキー行進曲などは「はやく　はやく　おきてごらん　そらは　はれて　あおい　そら」というような具合です。ハンドベルの合奏などもその歌詞に色シールを付ければいいのです。対象者が今どこを演奏しているかがわかればいいだけ、と割り切って作詞をしてください。

もうひとつ、障がいのある方の中には同じ曲を何年でも弾いていたいと思う方が多いです。ピアノのレッスンでは多くの場合、課題の曲が弾けるようになったら次の曲に進めていきますが、前の曲もぜひ復習で弾かせてあげてください。スケッチブックに楽譜をたくさん貼り、その中から今日弾きたい曲を数曲演奏し、次に新しく挑戦する曲を弾く、という2本立てにすると満足すると思います。先を急がず、今を大切にしてあげてください。

音程楽器の使い方—4
「威風堂々」

たとえ

17 ネタ帳 For Kids 下川英子

威風堂々

作曲　エルガー

ラデツキー行進曲

作曲　ヨハン・シュトラウス

ス

音を使ってグループ制作

創造性、社会性、協調性を養う

保育園の年中組くらいから始める音のグループ制作です。「合奏」なのですが、あえてその言葉を使いたくありません。子どもが考え、人前でする即興的グループ演奏は、楽譜通りの決められた表現ではなく、さまざまな表現が生まれます。保育園での経過を見ていると、何も教えないのにしだいに構成力もついて立派なセッションになっていきます。

［活動のしかた］

①グループ分けは日常のグループや曲目別グループなど5人前後で組みます。
②演奏したい曲目をグループごとに話し合います。先生が数曲の候補を出しても良いし、曲目ではなく、海、雨、風などのように自然の中の音風景を作るのもいいでしょう。
③楽器選びは話し合いで決めます。
④1グループずつ皆の前で発表します。
⑤演奏が終わるごとに他児に感想を言ってもらいます。

この活動で大切なのは子どもたちの話し合いです。4歳児だと好きな曲目や楽器を譲れなくて泣きだす子どももいますが、回数を重ねるうちにそれらはなくなります。はじめのうちは先生が候補曲（例：カエルの合唱、キラキラ星、どんぐりころころなど）を出しますが、そのうちに子どもからいろいろなリクエストが出てくるようになります。先生が弾けないときはキーボードの内蔵曲（多くの機種は自由にテンポを変えられます）やCDも利用するとよいでしょう。楽器は手作り楽器でもよいですし、音程楽器以外の打楽器ならなんでもOKです。

むねの

19 ネタ帳 For Kids 下川英子

あ

全体の中で個を生かす

ソロの場面の間奏を作る

クラス全員やグループの合奏の中で、一人ひとりを演奏で紹介することもできます。全体にまぎれるのではなく、少しでも「個」が発揮できる場所があると子どもは喜びます。ここでご紹介するのは「間奏」で個々の演奏を紹介する方法です。どんな曲でも紹介用間奏を設定することができます。

　どんな曲でもよいので、まずみんなで1番を演奏し、間奏で4～8人を紹介し、また2番に戻ります。人数が多い時は楽譜の8人紹介バージョンを用い、3番までやれば24人を紹介できます。最後にもう一度、全員で歌って終わります。歌を歌いながら音の鳴る物を持っていれば、一人ずつそれを鳴らし、何も持たない場合は一人ずつ一歩前に出て、動作をしたりボディーパーカッションをするのでもよいのです。

　この活動で気をつけることは、歌の拍子や調性と間奏部の拍子と調性を合わせることです。たとえば「ちゅーりっぷ」がへ長調だったら、間奏もへ長調に移調してください。三拍子の「かっこう」なら、間奏も三拍子にしてください。

　また、ドラムサークル的紹介の方法もあります。好きな楽器や音のするものを持ち寄って輪になり、一人ひとりの音を紹介します。はじめは全員で「Aちゃんの音はどんな音」と歌い全員で鳴らす→Aちゃんが一人で鳴らす→全員で「Bちゃんの音はどんな音」と歌う→Bちゃんが鳴らす、という具合に繰り返します。最後は皆で一斉に鳴らして、リーダーの合図で終わります。

きずが

21 ネタ帳 For Kids 下川英子

全体の中で個を生かす間奏

■8人紹介バージョン（前がハ長調の場合）

作詞・作曲　下川英子

F
Bm7-5
Em7
Am7
○ 君の お ー と
○ 君の お ー と
Dm7
G7
CM7
C7
○ さんの お ー と
○ さんの お ー と
F
Bm7-5
Em7
Am7
○ 君の お ー と
○ さんの お ー と
D
D7
G
○ さんの お ー と
○ 君の お ー と

全体の中で個を生かす間奏

■4人紹介バージョン（前がハ長調の場合）

作詞・作曲　下川英子

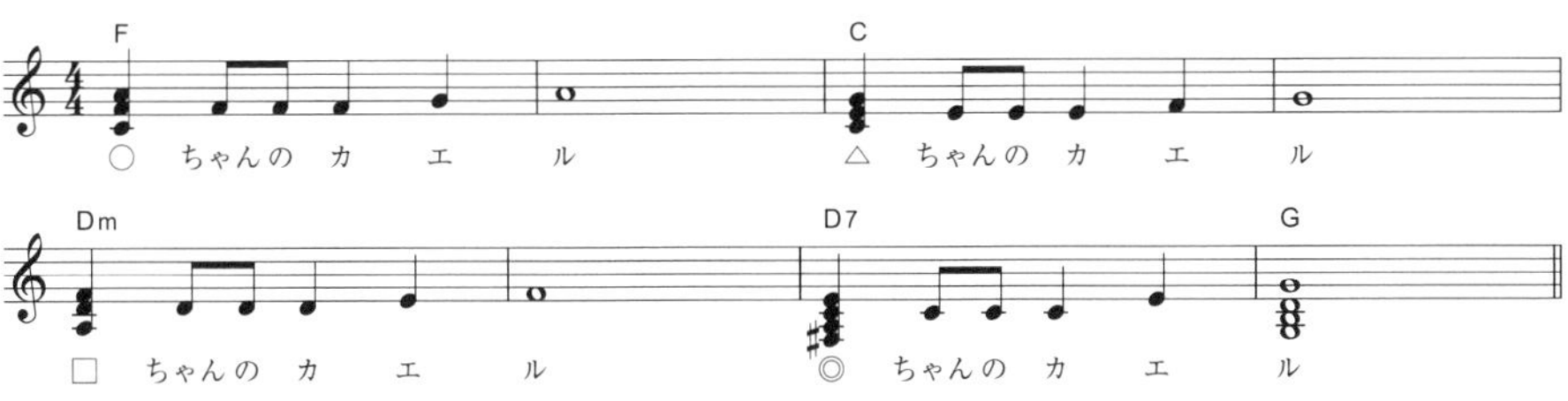

F
C
○ ちゃんの カ エ ル
△ ちゃんの カ エ ル
Dm
D7
G
□ ちゃんの カ エ ル
◎ ちゃんの カ エ ル

た

22 ネタ

「一緒が楽しいね♪」みんなの心がつながる集団の活動

根岸由香

「音楽って楽しいね」。このことを伝えたくて、特別支援学校の教員として20余年「音楽の授業」や「音楽療法」などの活動を行なってきました。最近では「一緒に音楽するって楽しいね♪」を伝えたいと思い、人と人とが「共に響き合い」「かかわる」「つながる」ための音楽活動の工夫をしています。主に「肢体不自由」や「知的障がい」の子どもたちと活動してきましたが、たとえば「発達水準が初期段階の子ども」「課題の獲得に時間がかかる子ども」「コミュニケーション手段の獲得を目指す子ども」などなど、それぞれが「楽しく」そして「自発的」「主体的」に「豊かな表現」ができるようにと願い、支援をしています。

　教員になった当初から「個別教育計画」や「個別の指導計画」の導入が盛んだったこともあり、「一人ひとりに対する援助」が基本の「音楽療法」の考え方を多く取り入れて授業づくりをしてきました。個々の「音の受け止め方」や「音・音楽の好み」「操作しやすい楽器」などを丁寧に探り、「一人ひとりに寄り添う」ための音楽活動を探究し続けました。本書の前身『音楽療法セッションネタ帳（２００５）』では、「世界にひとつだけの○○さんの楽器」をテーマに、いかにして「個に寄り添うのか」について、「手作り楽器」の作り方を通して紹介しました。世界の国々に行って「民族楽器の収集」をしながら、「一人ひとりが輝くための楽器選択や楽器活用の工夫」について熟考し、提案してきました。

　近年、インクルーシブ教育が盛んになり、「人と人とのつながり」や「関係の形成と集団参加」「社会性の獲得」などが重要視され、課題として挙げられ

いたんで

23 ネタ帳 For Kids 根岸由香

ることが多くなりました。私自身も、個を大切にした上で、「他者との適切なかかわり方」や「円滑な集団参加の方法」を学んで欲しいと強く思うようになりました。学校で友だちと一緒に楽しく音楽活動した思い出が「生涯の心の支え」になり、友達と協力して表現した達成感や舞台発表で得た自信が「折れない心」や「自己肯定感の確立」に繋がることと期待しています。友だちと一緒に歌った歌が、「心の応援歌」になってくれると思います。

「集団の活動」の進め方として、「2人、または大勢で操作する手作り楽器の考案」「目的とする行動をそのまま歌詞にしたオリジナル曲の創作（言葉での説明の短縮）」「曲・楽器（グッズ）・衣装・動きを対応させるイントロクイズ形式での実施」「リズムに同期し情動共有を促す選曲」「耳を澄ませて聴く静寂（休符）の設定」「役になりきる衣装やグッズの準備」「最後の音とポーズで一体感を味わう伴奏方法」などを工夫し、子どもたち同士が楽器と相手を選び、音楽に合わせて一緒に持って動けば「協力」し合い「助け合える」ように配慮しました。結果、子どもたちが音楽に合わせて自発的に動き、友だちと一緒に活動することが増えました。普通校との「交流学習」の場や、外国の先生方とのコラボ授業でも、言葉の壁を越えて即座に「一緒に活動」することができました。そうしたさまざまな活動の工夫を「1時間の授業の流れ」に沿ってご紹介します。

［授業のプログラム］
①はじまりのうた ②みんなでうたおうよ（声出しウォーミングアップ）③イントロクイズ ④鈴輪をまわそう ⑤2人でならそう ⑥たいこのゲーム ⑦きこう（クーリングダウン）⑧さよならのうた／さまざまなパターンの活動を準備し、交流会などの大集団でも楽しく活動できるように考えています。

和歌山県（古座町）生まれ　兵庫教育大学大学院学校教育研究科芸術系（音楽）修了　筑波大学大学院教育研究科カウンセリング専攻（リハビリテーションコース）修了　障がい児・者の音楽療法を実践　民族音楽の研究と現地での楽器収集が趣味　セッションで使う衣装・小物・楽器作りなど手工芸が特技（都立村山養護学校と東京学芸大学附属特別支援学校教諭を経て）筑波大学附属大塚特別支援学校教諭。日本音楽療法学会認定音楽療法士、同評議員。

NEGISHI Yuka

ま

耳をすませて聴く

はじまりのうた

「集団の活動」を始めるにあたり、まずは「耳をすませて聴く」「静かに注目する」ことを学んでほしいと考え、お箏で「箏曲はじまりのうた」を創作しました。「一二三四五六七八九十斗為巾」の十三弦を「ミソラドレミソラドレミソラ」に調弦し、私がお箏で「♪ミソラードーラソミソラララソラー」とメロディ中心にアレンジして弾き、それに合わせて「おことリーダー」の子どもがグリッサンドで伴奏します。「おことリーダー」が演奏するお箏も、私のお箏と同じ「ミソラドレミソラドレミソラ」に調弦します。「同じ音」で調弦することにより、子どもが指で弦をはじいたり、爪で弾いたりと「どの音をどのように」弾いてもメロディと調和し、美しく響きます。

　みんなは、お箏の伴奏に合わせて「♪これから音楽はじめよう～」と歌います。お箏の響きは、子どもたちに「あれっ」と思わせ、集中させます。また、大きい音が苦手な子どもにも、聴きやすい音量で耳に入ります。全員の意識が集中し「耳をすませて聴く」活動の開始であることが、ノンバーバルに（言葉ではなく）みんなの中で自然に了解されます。

　集団が大きくなればなるほど「静寂」や「休符」が大切になるので、活動開始時に「ピアノが鳴ったら楽器を鳴らし、ピアノが止まったら演奏を止める」「合図の音で席に座る」「お休みのポーズ（楽器の止め方）」と「3つのルール」の確認をし、スムーズに進めることがポイントです。

ポ

もー

25 ネタ帳 For Kids 根岸由香

[譜例1] 箏曲「♪音楽はじめよう」

作詞・作曲　根岸由香

一

自発性を育む

イントロクイズは、「司会リーダー」の子どもが「イントロクイズ ドン！」と言い、ピアノでイントロを弾き始めます。わかった子から前に出て、楽器、衣装、グッズなどを持ち、歌い、踊ります。「繰り返し学習」により、イントロが鳴ると全員が歌い、踊るようになります。発達が初期段階の子どもも、曲と楽器やグッズを対応させることができるようになり、自発的に取りに行くようになります。使用曲はリズムやテンポに「同期」し「情動の共有」が起こりやすいように考慮して、リズムや音階が特徴的な「世界の民族音楽」のフレーズを取り入れています。

イントロクイズ　パート1
「♪SUNサンサンバ」

「♪SUNサンサンバ」（譜例1）は、サンバのリズムパターンと特徴的なフレーズを活用して創作しました。ハワイで「ウリウリ（マラカス）」を体験し、感動をヒントに考案した『花＊花マラカス』を持って踊ります（「花＊花マラカス（根岸由香考案）」は文部科学省「おんがく☆☆☆」P19で「あき缶のマラカス」として紹介されています）。

曲の中で、両手を上に伸ばす、背伸び、ジャンプ、両手を横に伸ばす、はばたく、キラキラ、サイドステップなど「ボディイメージの獲得」や「身体運動の課題」も盛り込みます。『花＊花マラカス』を振り、音が鳴ることで「自分の手」を意識します。お花部分が「シャカシャカ」揺れることで、恣意的に手を動かして踊れるようになり、お花の揺れに助けられ、横揺れやサイドステップが容易になります。

イラスト
根岸由香

27 ネタ帳 For Kids 根岸由香

（間奏）

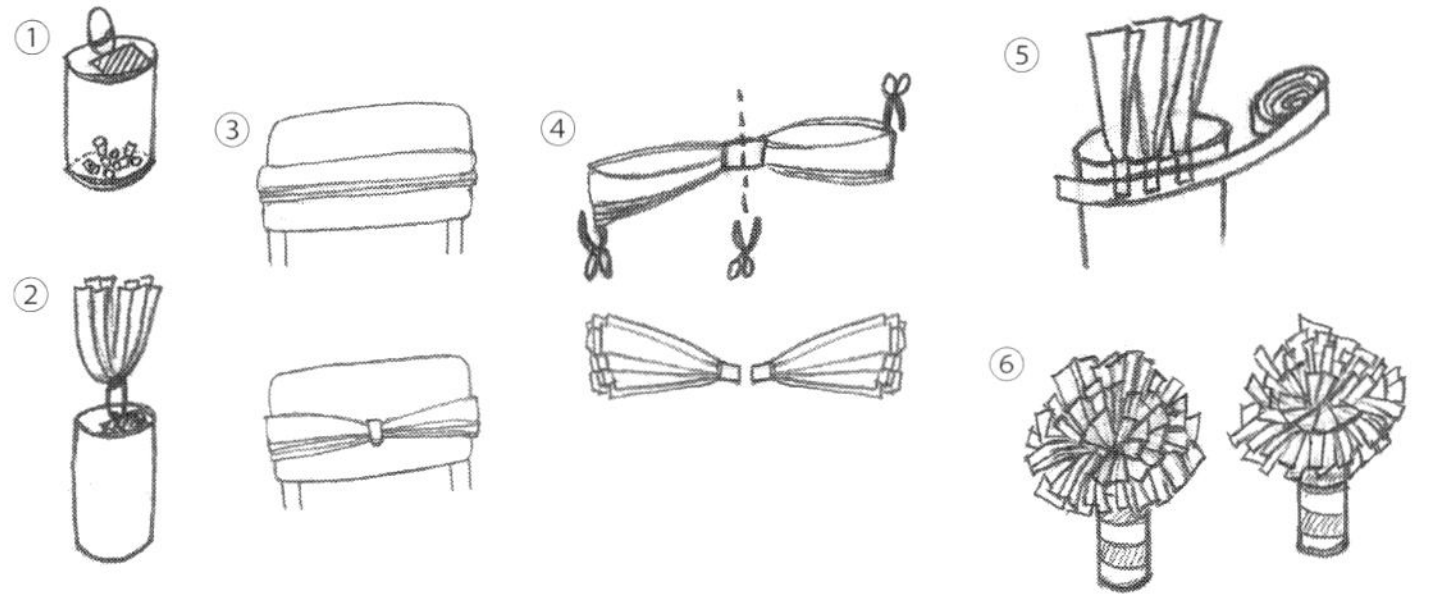

①
②
③
④
⑤
⑥

花＊花マラカスの作り方

・準備するもの
コーヒーの空き缶（小さいサイズが持ちやすく、スチール缶が丈夫）、ビーズやプラスティックの玉（豆は湿気で音が悪くなる）、セロテープ、ガムテープ、ビニールテープ（緑、黄緑）、スズランテープ（お花を想定した色…赤、黄、オレンジ、ピンク、緑、黄緑など）

［作り方］

①空き缶をよく乾かしてビーズを入れ、飲み口をガムテープで厳重に貼る。

②黄色のスズランテープを 30㎝程度３本切り、まとめてプルトップに通し、真ん中で折ってセロテープやガムテープで缶にプルトップを固定するように貼る。

③児童用の椅子の背もたれ部分（くらいの幅）にスズランテープを 10 回巻き付け、中央部分３㎝程をセロテープでまとめてグルグル留める。両側を留めたら、テープ止めの中央をはさみで切る。

④両端がテープ止めされたスズランテープの束ができたら、中央で切る。スズランテープの束をたくさん作る。

⑤空き缶の周りにスズランテープの束を隙間なく貼り付ける。お花の中央から外側に貼っていくイメージでセロテープを使って貼り付ける。

⑥お花の感じになったら、スズランテープを貼り付けた上部から缶全体に緑（または黄緑）のビニールテープを綺麗に貼り、完成。

＊舞台発表などでは、花＊花マラカスを使用していない時に舞台上に飾ると「舞台装飾」にもなる。

［譜例 1］　♪ SUN サンサンバ（部分）　　作詞・作曲　根岸由香

D G D D7 G
サン サン サン バー サン サン サン バ お ひ さ ま サ ン バー ○

［譜例 2］　サンバクラーベのリズムで

サンバらしいモチーフ

G
2回ずつ
D
2回ずつ

「決め」のリズム

D

オリジナル曲の全曲譜は「根岸由香のつながる音楽」（あおぞら音楽社）を参照してください。

か

ネタ 28

イントロクイズ　パート2
「♪スペインのおどり」

スペイン音階（ミファソ#ラシドレミ）を使ったピアノの即興演奏に合わせて踊ります。伴奏は情熱的で攻撃的な旋法やリズムを明確に呈示し、「スペイン・ジプシー」や「フラメンコ」のイメージを念頭に置いて演奏します（譜例1）。

イントロは「カルメン」の「ハバネラ」のイメージで弾き始め、子どもたちは手拍子またはカスタネットをフラメンコダンサー風に持って鳴らし、「♪スペインの踊り」（譜例2）に合わせて歌い踊ります。「♪おどろうよ～リズムに乗って～」と歌った後に「オーレイ！」とかけ声をかけ、片手を高く上げてポーズを決めます。みんなでかけ声をかけることで発声が促され、呼吸が安定し緊張がほぐれます。フレーズの切れ目で「オーレイ！」とポーズを決めることで、活動にメリハリがつき、集団の一体感が生まれます。

「場面転換」（譜例3）のフレーズで、子どもたちは『ビーズギター』に持ち替えます。「触覚ビーズ（宇佐川浩考案）」（『ネタ帳（２００５）』P70）を子どもたち自身が製作し、「ギター」に見立て、フラメンコの「カデンツ」に乗せてギターをかき鳴らす表現をします。具体物を持たずに「見立て」て「エアギター」で踊り参加する子もいます。最後に「闘牛」のイメージでスカーフを持った闘牛士役と牛役になり、相手を意識しながら「闘牛」を真似て踊り回ります。

29 ネタ帳 For Kids 根岸由香

なんのために

[譜例 1]

2回ずつ
2回ずつ

フラメンコカデンツ Am - G - F - E（オーレイ！）

リズム

[譜例 2] スペインのおどり（部分）

作詞・作曲 根岸由香

ゆったりと間をとる
おどろうよ ーリズムに ーのって———(オーレイ!) おど
ゆったりと間をとる
ろうよ ースペイン のおどり———(オーレイ!) おど

[譜例 3]「場面転換」のフレーズ

間奏モチーフ

Dm
Am
E
Am

カデンツモチーフ

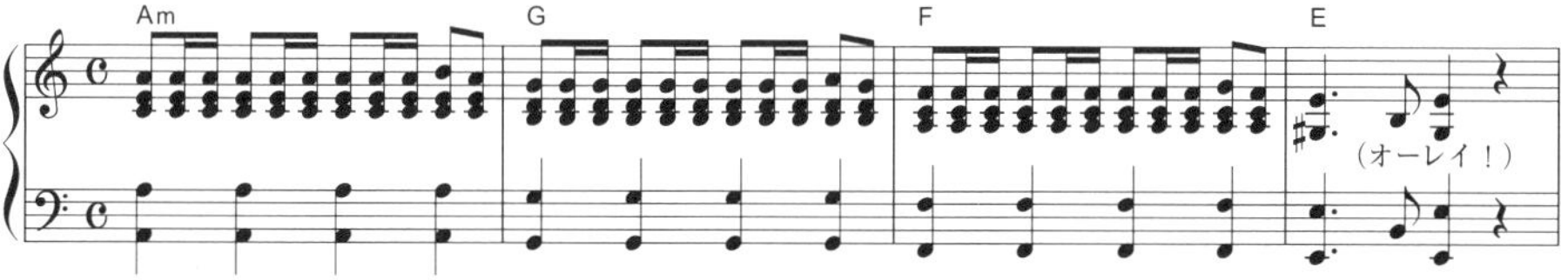

Am
G
F
E
(オーレイ！)

スペイン音階モチーフ

鈴輪をまわそう

「鈴輪」を使用すると、参加者が「鈴輪」を持ってその周りに集まり、みんなで向かい合ってひとつの「円（輪）」になることができます。おたがいの顔を見合わせながら、同じ楽器（鈴輪）を持ち、操作することで、即座に「集団の一体感」が生まれます。紐の長さをさまざまに調整するだけで、何人でも一緒につながることができます。「鈴輪」は、みんなの心をつなぐ「かけはし」となる楽器なのです。「鈴輪」に、より興味を持って楽しく活動でき、手元をよく見て「注視」や「追視」を促せるようにと考え、

心のかけはし楽器『キャラクター鈴』

子どもたちの好きな「キャラクターボタン（アニメのキャラクターや乗り物、食べ物、動物、お花など）」をつけました。普通校との交流会などでは約80人でつながって実施し、どの子も夢中になってキャラクターを探しました。

『キャラクター鈴』には、ゲーム感覚で誰もを夢中にさせる効果があり、大集団でも一体となれる醍醐味があります。また、仏教の「大数珠繰り」のように、集中し心を落ち着かせる「沈静」効果もあります。取り付ける「ボタン」の種類を工夫することで、子どもから大人、高齢者まで楽しく活動できる、ユニバーサルデザインな楽器です。ボタンや鈴は、紐に縫い付ける方法では外れやすいので、紐と紐（紐はカラーコード）、そして細いマクラメなどの紐の3本で三つ編みをして編み込むことをお勧めします。

うまれ

31 ネタ帳 For Kids 根岸由香

［譜例 1］ **すずをまわそう**　■イントロはロシア民謡調に　作詞・作曲　根岸由香

C　C
まわそう　まわそう　リン　リン　リン　まわそう　まわそう　リン　リン　リン
ならそう　ならそう　リン　リン　リン　ならそう　ならそう　リン　リン　リン
Dm　Dm
まわそう　まわそう　リン　リン　リン　まわそう　まわそう　リン　リン　リン
C　C
みんなですずをー　まわしたらー　グルグルすずをー　まわしたらー
F　G　G7　C （C — B♭A♭B♭　C）
○　○　○　に　あえたか　なぁ　ー

［活動の方法］

①『キャラクター鈴』を持って円になります。
②「右回り」に鈴輪を送って、どんな「キャラクター」があるのか確認します。
③「曲が鳴ったら動かします」「曲が終わったら止まります」とルールを確認します。
④「何に会いたいですか？」と質問し、会いたいキャラクターを決定します。
⑤「それでは〇〇に会いに行きましょう！」「ミュージックスタート！」と始めます。
⑥「イントロ部分」では、上下に動かし「ヘイ！」のかけ声と共に士気を高めます。
⑦「♪まわそうまわそうリンリンリン〜」の部分から「右回り」に鈴輪を送ります。
⑧ピアノが止まったら「ストップ」します。
⑨「〇〇に会えた人〜」と問いかけ、会えた子どもは挙手し拍手で賞賛されます。
⑩会えた子どもが指名され「次に会いたいキャラクター」を選びます。

た

社会性を育む

音楽活動を通して「他者との適切な関わり方」や「円滑な集団参加の仕方」を学んでほしいと考え、まずは2人組での活動を工夫しました。相手を意識してもらうために、「ゴー→ストップ」で行なうリトミック的な活動も、曲に合わせて「友だち（または先生）と一緒に手をつないで動く」というルールで実施しました。また「2人で協力して鳴らす『つながり楽器』」を考案、製作しました。『くねくねマラカス（はな組2009作成）』と『スポンジ鈴（根岸由香考案）』を紹介します。

『くねくねマラカス』は『ペットボトルマラカス』をつなぎ合わせて2人で

二人でならそう 『つながり楽器』

操作できるようにした楽器です。持ち手には市販の鈴を使用し、持ちやすく良い音で鳴るようにしました。ずっしり重いので鳴らすと手首の上下運動が引き出され、自然と手首のスナップ練習になる効果も。『スポンジ鈴』は100円ショップで販売されている浴用スポンジに鈴を縫い付け、持ち手に市販の鈴を使用します。

2人で一緒に楽器を持ち、「♪マラカスならそう」（譜例1）の歌に合わせて発散を促す上下動、「♪みんなでゆれよ～」（譜例2）に合わせて沈静を促す左右動、そしてブギのリズムの曲「♪右左ブギ」（譜例3）にのせて「右左パンチ（手を交互に前に出す）」を行ないます。一緒に持って操作することで「相手を意識」し、合わせて楽しく活動できるようになります。まさに「折り合い」のつけ方が学べる楽器です。

て

33 ネタ帳 For Kids 根岸由香

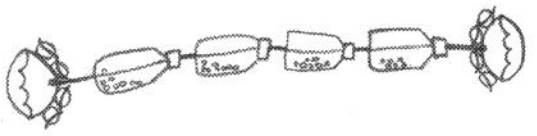

[くねくねマラカスの作り方]

・準備するもの

ペットボトル6～10個（お好みで3～5個のペットボトルを通して作る）、マラカスの中身（ビーズやプラスティックの玉、鈴など）、紐（カラーコード）4m（2m×2）、鈴（楽器）4個

・作り方

①ペットボトルの「蓋の中央」と「底の中央」に穴を開ける（特に底が堅いので要注意！ 電動ドリルで穴を開け、紐が通る大きさまで小刀の先でくりぬき広げる）

②紐通しなどを使って、紐に「ペットボトル」を3～5個通す。

③ペットボトルの蓋を開け、マラカスの中身（少なめに入れるのがコツ）を入れ、蓋をしっかり閉める。

④紐の両端を鈴（楽器）に結んで完成。

[スポンジ鈴の作り方]

・準備するもの

浴用スポンジ2個、鈴（縫い付け用）10～12個、鈴（楽器）4個

・作り方

①できるだけ強度のある糸を使用し、スポンジに鈴をランダムに縫い付ける。

②スポンジの持ち手を鈴（楽器）に結んで完成。

[譜例1] マラカスならそう　■上下にゆらす　♩=♩.♪のイメージではずんで　作詞・作曲　根岸由香

[譜例2] みんなでゆれよ～　■横にゆらす　作詞・作曲　根岸由香

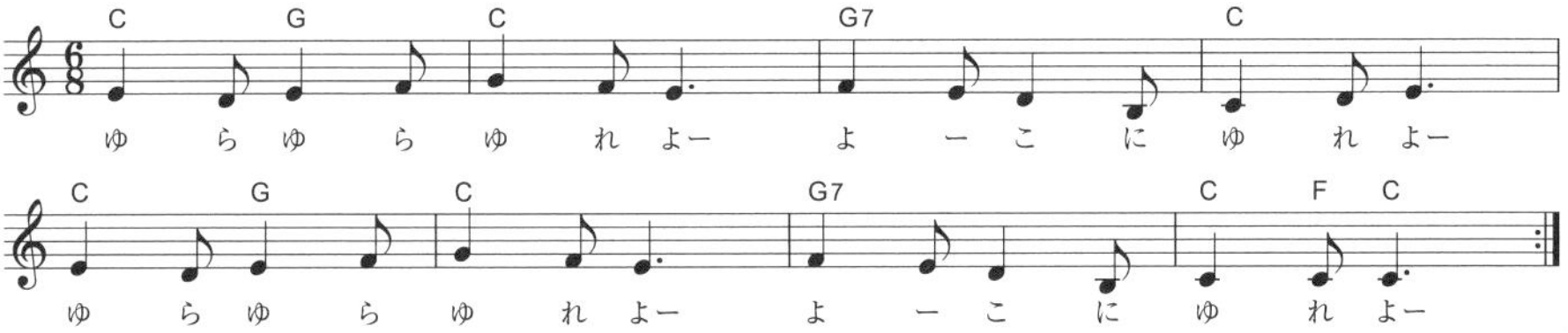

[譜例3] 右左ブギ　■左右でパンチ　ブギのモチーフで　作詞・作曲　根岸由香

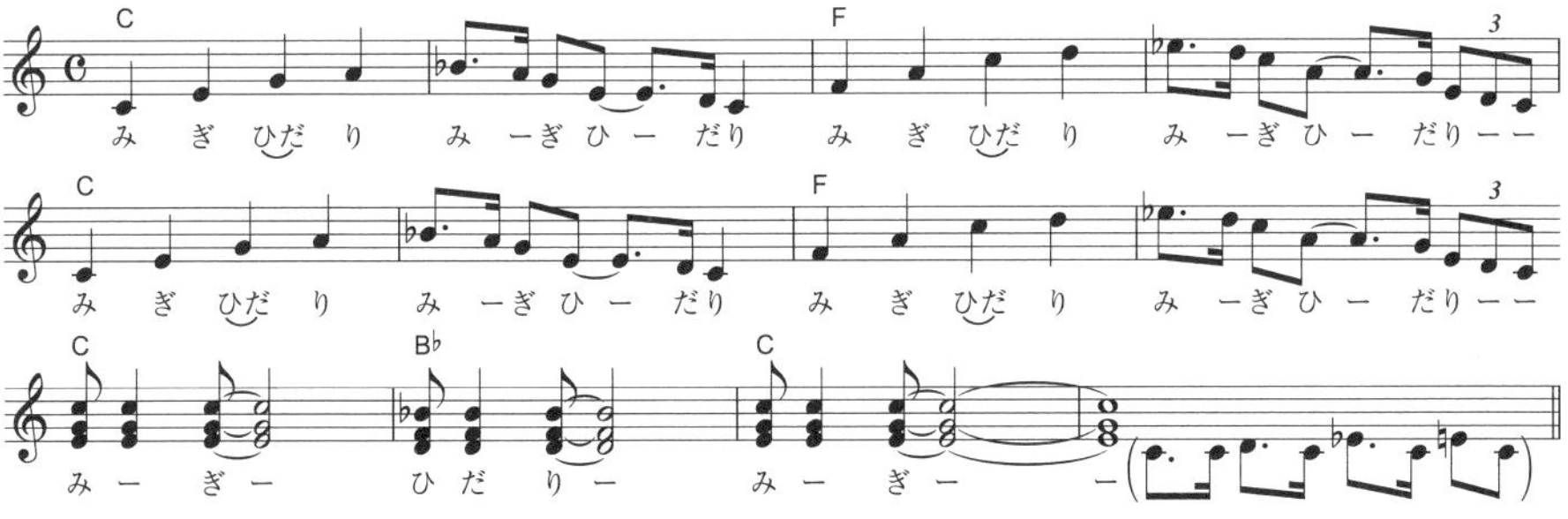

3段目の右—左—右の部分で動き速度が変わることにより、行動の調整が促されます。

ー

34 ネ

リズムを感じて 情動共有

「一緒に音楽するって楽しいね♪」を実感できるように、情動共有を促す「たいこのゲーム」の活動をします。跳ねる、とぶ、太鼓を叩くことは「固有（運動）感覚」に働きかける動作で、多くの子どもたちが大好きです。アフリカのリズムにリズム同期して跳ねたり踊ったりすることで情動が発散され、自然と笑いや発声が出現します。また動きを真似て共に響き合うことで情動共有が促進されます。跳ねると音が鳴るよう工夫した楽器や衣装を身につけることで、自分の身体への意識が高まり、恣意的に身体を動かせるようになります。

たいこのゲーム 「アフリカの太鼓」

心身共に発散することで、活動後のリラックスが導かれます。

この活動は、マサイ族の衣装や西アフリカのダンス、ジャンベのリズムパターンなどを参考に工夫しました。手作り楽器『カラフル鈴（手足）』『モロコシ棒』（いずれも根岸由香考案）をご紹介します。衣装やグッズ、楽器に背中を押され、なりきって、自信を持って表現しています。曲の最後では「ジャカジャカジャカジャカ（トレモロ）」「せーのー（グリッサンド）、ジャン！」のタイミングで終わることをルールとし、ポーズをして一体感が得られるよう構成し、即興的に盛り上がって演奏します。

授業の最後には必ず、耳を澄ませて聴く楽器選択や伴奏で「きこう」と「さよならのうた」でクーリングダウンをして終了します。

なにをして

35 ネタ帳 For Kids 根岸由香

[活動の方法]

ジャンベの回りを囲んで円（輪）になります。ジャンベ奏者が「演奏リーダー」の役割、『モロコシ棒』を持った「踊りリーダー」が隣に並びます。

・リズムパターン①

「リズムパターン①」のリズムでジャンプや発声で表現します。ある程度踊ったところで、演奏リーダーがジャンベを「ドコドコドコドコ」と叩き、「せーのー」とかけ声をかけて「ドン！」ときめ、「ポーズ」をして終わります。

次の音が鳴るまで、静かに止まり待ちます（これらを「終了パターン」とします）。

・リズムパターン②

演奏リーダーが、ジャンベで「リズムパターン②」を演奏し、合わせて「鎌」「雨」「風」「大地」「お祈り」など、それぞれの「言葉のイメージ」に合う動作を考え、言葉を言いながら踊ります。「踊りリーダー」が動き始めたら、全員『モロコシ棒』の後について動きます。

「終了パターン」で「ポーズ」を決め、静かに止まり待ちます。

・リズムパターン③

「リズムパターン③」になったら、ジャンベの回りに集まり、動物の真似をします。「踊りリーダー」が「ライオン」「象」など声をかけながら踊り、みんなで真似し合いながら踊ります。鳴き声も模倣し、たくさん発声し、ジャンプします。盛り上がってきたら「リズムパターン①」に変えてテンポアップし、さらに発声やジャンプができるように盛り上げます。

「終了パターン」で「ポーズ」を決め、「拍手」や「ハイタッチ」で盛り上がります。

アフリカの太鼓

リズムパターン①

RRRRRRRRRRRRRRRR
L　L　L　L

リズムパターン②

R L　RL　RL　RL　RLRLRLRLRL

リズムパターン③

L　R LRLRL　R LRLR

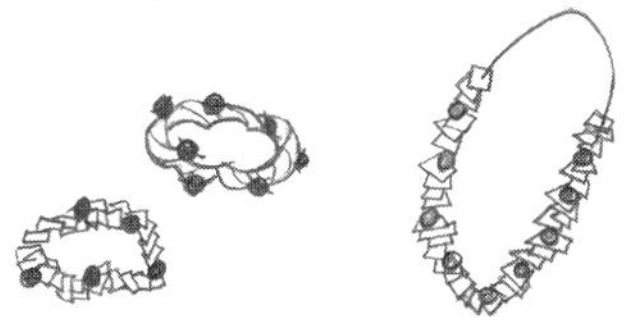

[カラフル鈴（手足）＆カラフル首飾りの作り方]

・準備するもの

フエルト（赤、黄、オレンジ、きみどり、ピンク、水色など）、鈴、カラーゴム、アニマル柄のシュシュ（すべて１００円ショップで購入可能）

・作り方

①フエルトを、約1㎝角に切り、真ん中に穴を開ける（同じ大きさではなく不揃いに切った方が可愛く仕上がる）。

②カラーゴムにフエルトと鈴を通す（たとえば、赤・きみどり・黄・オレンジ・赤・きみどり・黄・オレンジ・鈴、を1パターンとして、カラフル鈴（手足）で9～10パターン、カラフル首飾りで24～25パターン作る）

③長さを合わせてカラーゴムを縛ったら完成。

[モロコシ棒の作り方]

・準備するもの

フエルト（黄、きみどり、緑）、鈴、カラーゴム、黄色のビーズ、綿、リボンやキラキラテープ（飾り用少々）、園芸用の緑の棒1mぐらい（すべて100円ショップで購入可能）

・作り方

①フエルトで「とうもろこし」を作り、中に綿を入れる。

②「とうもろこし」の下の部分から棒を通し、固定しながら縫い付ける（棒は持ちやすいように工夫するなど、対象者に合わせて工夫してください）。

③「黄色のビーズ」を「とうもろこしの実」に見立て、カラーゴムに縦に10個ほど通す。途中に鈴も混ぜながら通したものを3～4個作り、皮の間から「とうもろこしの実」が少し見えた感じを表現して縫い付ける。

④「とうもろこし」の上下の部分を「鈴」や「ヒラヒラ」で飾って完成。

お

人生にかかわる重みに耐えうる実践を続けるために

鈴木涼子

「対象者やそのご家族、その周りの皆さんが〝ジュバラントな（Jubilant ＝喜びに満ちた）人生〟であるように、音楽療法がその一助になれますように」との思いを抱いて実践や研究に取り組んでいます。音楽療法にそのような役割が担えるのか、答えはわかりませんが、役割を担うかもしれない「重み」を充分に感じて対象者やご家族とかかわり、相応の音楽療法を提供したいと考えています。人生にかかわらせていただく「重み」は、考えれば考えるほどずっしりと重く感じます。その「重み」に耐えうる音楽療法を行なうにはどうしたらよいか。次の3つをいつも心に留めています。

1・「真摯な気持ちでいること」

以前、何気なく考え事をしている時にハッと我に返りました。「あれもこれもやらないといけない。大変だなあ……」私の心に不満が芽生えていたのです。真摯な気持ちでいようと思っていたはずなのに、音楽療法の現場があることや対象者が来てくれること、周りのたくさんのサポートがあることに少し慣れ、感謝を忘れ、どこか驕っていたのでしょう。とても申し訳なく思い、後悔しました。それはセッションの内容にも通じます。慣れ過ぎていないか、当たり前になっていないか、驕っていないか、常に自身に問うようにしています。

2・「ひらいた心であること」

ひらいた心とは、他者に現状をさらすことをいとわない心、問題や困難、他者の意見を積極的に受け入れて対応しようとする心、であると思っています。心が閉じていると現状を公開したくないですし、問題や他者の否定的な意見を厄介なものと感じます。昔、論

い

37 ネタ帳 For Kids 鈴木涼子

SUZUKI Ryoko

子どものこころ音楽療法研究会「ジュバラント」、獨協医科大学越谷病院子どものこころ診療センター、日本大学医学部附属板橋病院小児科、都立松沢病院、特別支援学校、特別支援学級、他、音楽療法士。元日本大学芸術学部音楽学科非常勤講師。日本音楽療法学会認定音楽療法士。都立芸術高校音楽学科ピアノコース在学中に音楽療法を知り、日本大学芸術学部音楽学科音楽教育コースへ進学。日本大学大学院博士前期課程音楽芸術専攻、後期課程芸術学専攻修了、芸術学博士。著書:『音楽で育てよう 子どものコミュニケーション・スキル』（共著・春秋社）ほか

文のプレゼンテーションを控え、ある指導教官に「緊張します」と言ったところ、その恩師は、「緊張するのは、周りに今の自分よりもよりよく見せようとするからです。今の自分はそれ以上でも以下でもないのですよ」とおっしゃいました。目が覚めるようでした。緊張するのは自分をより有能に見せたいから、否定されたくないからだったのです。その後のプレゼンでは緊張はしましたが、それは「今の自分を見てもらおう、意見をもらったら今の自分で答えよう」という心地よい緊張でした。

音楽療法において、困難や問題は、子どもやセッションがよりよい状態になれるチャンスです。他者からの意見（特に批判的な意見）は、よりよい方向に進めるありがたい絶好の機会です。外へひらいた気持ちをいつも忘れず、外部からの意見をいただきやすい人間（あるいは集団）であり続けたいと考えています。

3・「永遠に不完全だと知ること」

私たち音楽療法士は、最高のセッションを目指して臨床を行ないます。時には「今日のあの活動、あの子にピッタリで最高だった」「セラピストのあの時の動きと声かけはベストだった」と思えることもあります。でも、次に同じようにすると「しっくりこない」と感じるものです。これは単に「対象者の気持ちや状況は常に違う」という理由ではなく、音楽療法士が「ベスト」と感じた瞬間に、すでに「よりよいベスト」が存在しているからです。永遠に不完全であることを知った上で、最高を目指し続ける気概が必要だと感じます。

臨床につまずいた時も、調子が良い時も、この3つが私に何か示唆を与えてくれるような気がしています。

38

ネ

ゴール目指して

楽器を順番に鳴らそう

バージョンA（1人ずつ行なう方法）

提示された楽器を鳴らせる子どもに対して、もう一歩進んだ内容です。並べられた楽器を自分で歩いて順番に鳴らします。目の前の物にだけ反応するのではなく、ゴールを目指して行動を続けなければいけません。鳴らし終えると、NHK「のど自慢」の合格の時に鳴る鐘に似たメロディで賞賛してもらえます。

①スタートの場所に目印をつけ、ゴールまでの道のりに楽器を並べておく

②子どもが一人スタートの位置に立つ

③「楽器を順番に鳴らそう　よーいスタート！」とスタッフが歌う

④子どもは順番に楽器を鳴らし、スタッフは楽器がひとつ鳴らされるごとに、ひとつの音（もしくは和音）を弾く

⑤最後まで鳴らせたら、スタッフは最後のメロディを弾いて賞賛する

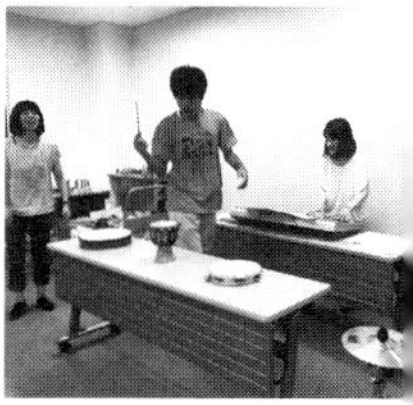

バージョンB

（グループセッションで行なう方法）

リーダー役の子どもが楽器をひとつ持って立ち、座って待つ子どもに、順番に楽器を差し出します。差し出された子どもは楽器を1回ずつ鳴らします。座っている子どもが全員楽器を鳴らしたら、スタッフは最後のメロディを弾きます。

その後、子ども同士でリーダー役を交代して続けます。リーダー役が目立つ係ですが、他の子どもにも楽器を鳴らすという役割があります。一人ひとりにわかりやすい出番があり、待ち時間が少ない活動です。

イラスト
鈴木涼子

いて

きるのか

39 ネタ帳 For Kids 鈴木涼子

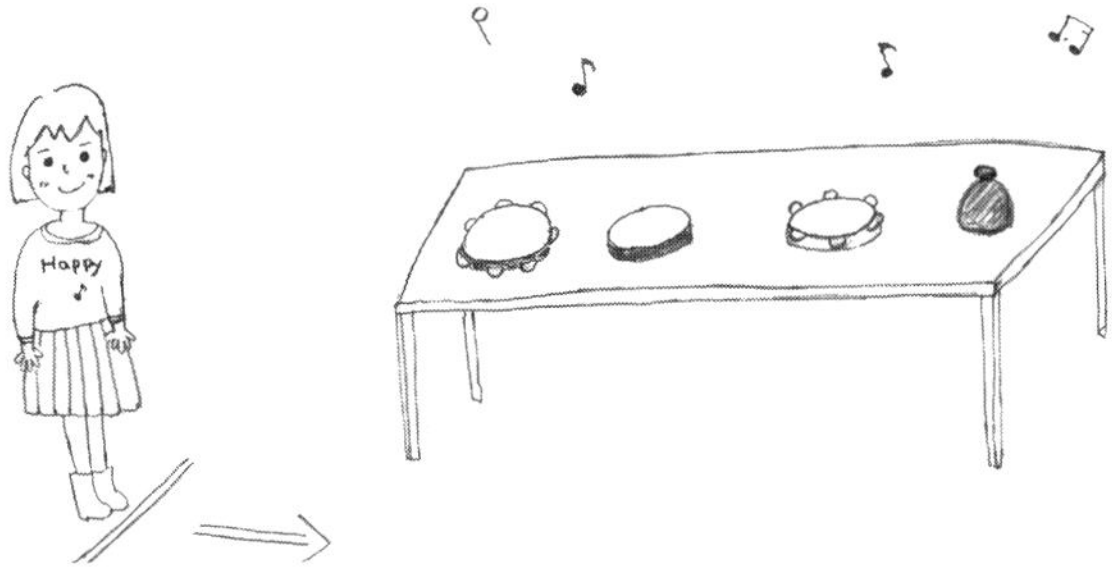
Happy

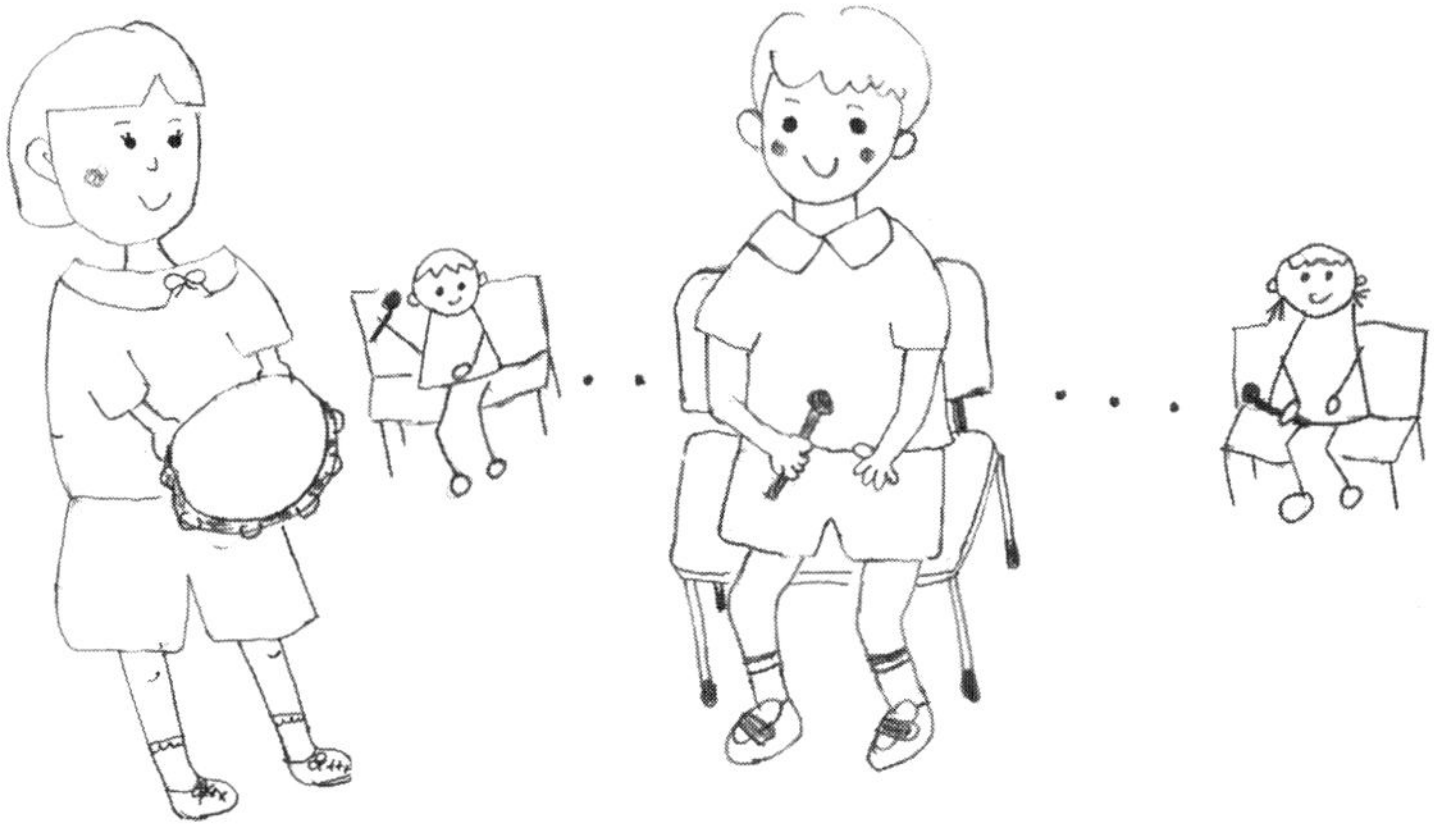

楽譜を順番にならそう

作詞・作曲　鈴木涼子

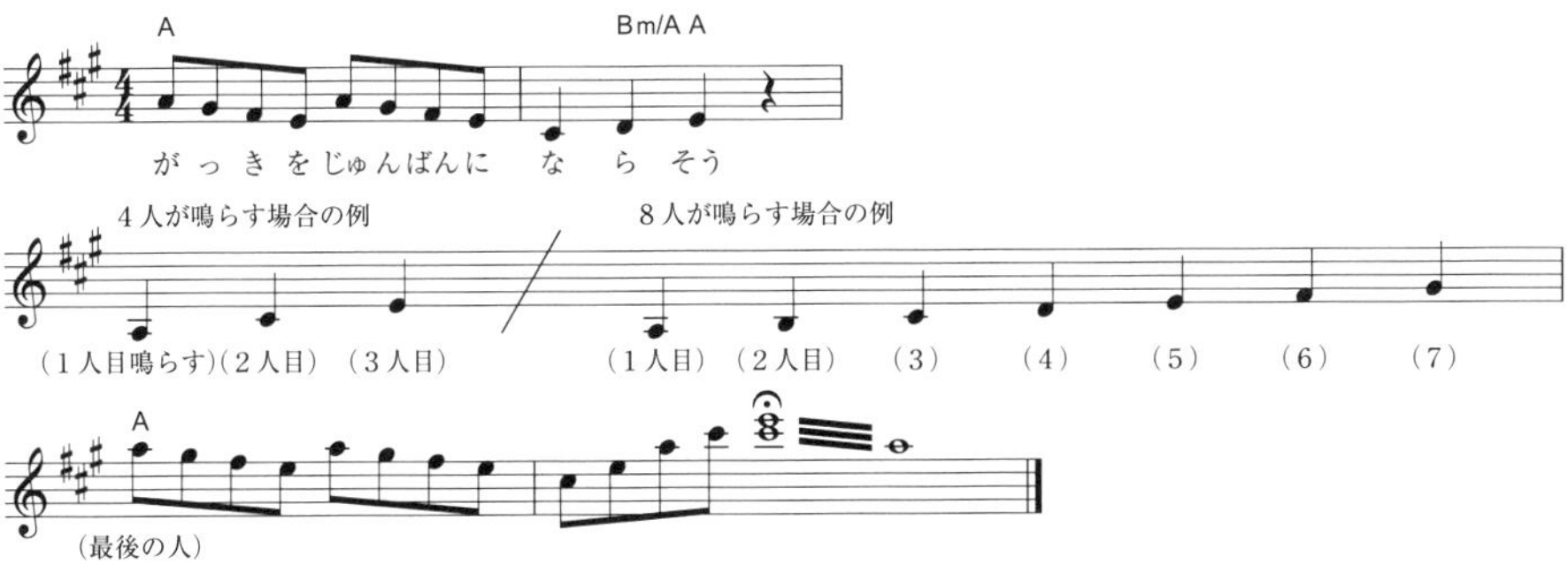
A
Bm/A A
が っ き を じ ゅ ん ば ん に　な　ら　そ う
4人が鳴らす場合の例
8人が鳴らす場合の例
（1人目鳴らす）（2人目）（3人目）
（1人目）（2人目）（3）（4）（5）（6）（7）
A
（最後の人）

な

GoGoトレイン

電車が大好きな子どもがとても多いですね。この活動は、子どもが好きな楽しい遊びの中で、役割を担ったり、行動をコントロールしたり、他児と協力したり、相談することなどを経験します。

立ち位置や棒を持つ位置の目印をわかりやすく示し、安全運転（他児と歩調を合わせる、音楽に合わせるなど）に注意が向くように慎重な雰囲気の曲を使います。駅員の指さし確認や敬礼を本物のようにカッコよくやると、何度やっても子どもが楽しく、落ち着いて行動できる活動になります。

［活動のしかた］

役割：運転手・車掌・お客・駅員（子どもの人数や理解の程度によって、いくつかの役割は大人が行なってもよい）

［用意するもの］

・2mくらいの棒2本（子どもが握りやすい太さ、持てる重さの棒を選ぶ。握る場所に手のマークをつけておく）

・それぞれの役割の絵と名称を書いたカード

・運転手と車掌が立つ場所の目印（ビニールテープを貼る、など）

・お客が待つ場所の目印（フープ、など）

笛

GoGoトレイン　　作詞・作曲　鈴木涼子

おごそかな感じで

C Am C Am
でんしゃ でんしゃ でんしゃ

・・・つづく・・・

たた

こたえられ

41 ネタ帳 For Kids 鈴木涼子

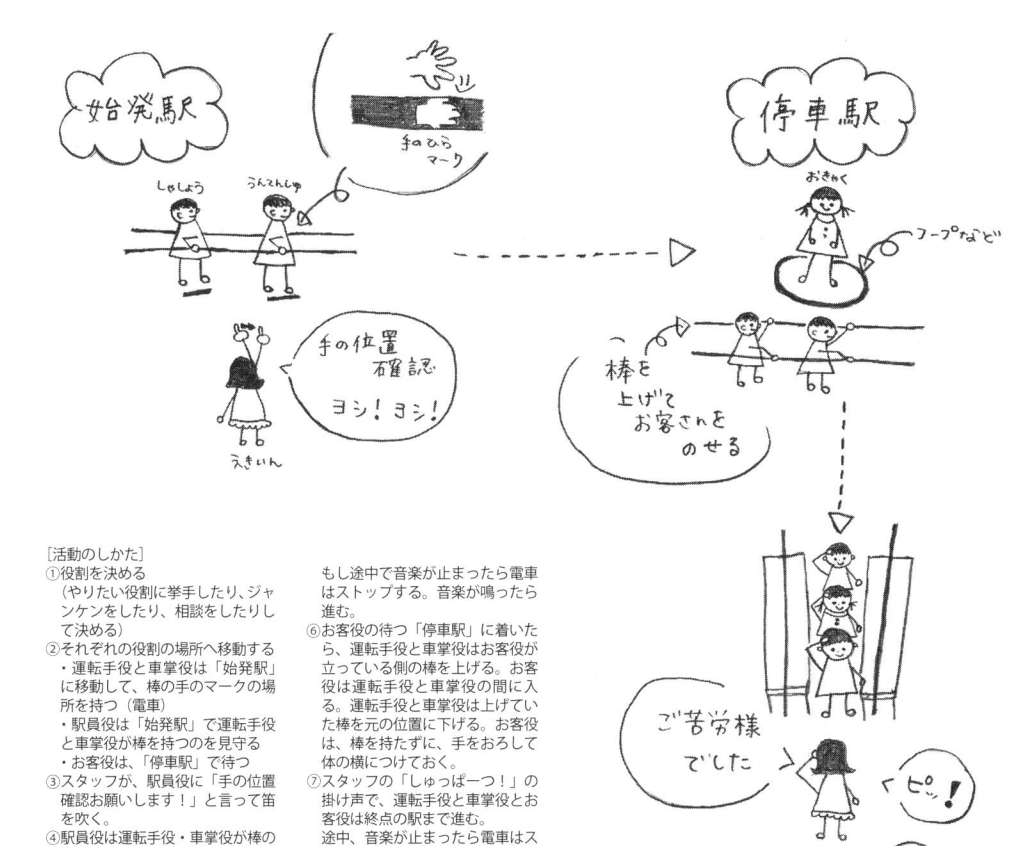

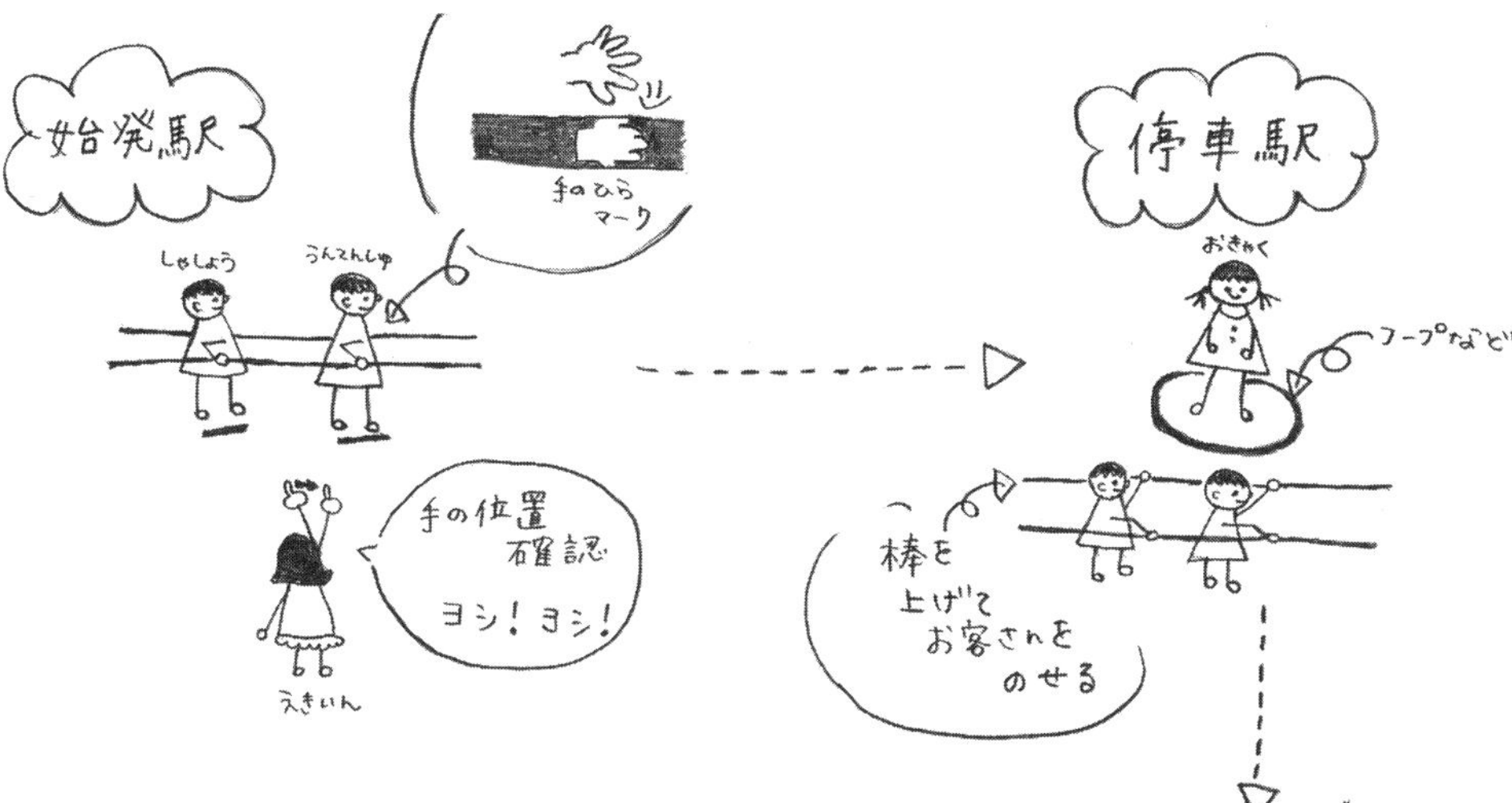

始発駅
手のひら
マーク
しゃしょう
うんてんしゅ
停車駅
おきゃく
フープなど
手の位置
確認
ヨシ!ヨシ!
えきいん
棒を
上げて
お客さんを
のせる

［活動のしかた］
①役割を決める
（やりたい役割に挙手したり、ジャンケンをしたり、相談をしたりして決める）
②それぞれの役割の場所へ移動する
・運転手役と車掌役は「始発駅」に移動して、棒の手のマークの場所を持つ（電車）
・駅員役は「始発駅」で運転手役と車掌役が棒を持つのを見守る
・お客役は、「停車駅」で待つ
③スタッフが、駅員役に「手の位置確認お願いします！」と言って笛を吹く。
④駅員役は運転手役・車掌役が棒の手の位置のマークをきちんと持っているか確認し、良ければ、「手の位置確認！よし！よし！」と指さし確認をする。その後、駅員役は「終点の駅」に移動して待つ。
⑤スタッフの「しゅっぱーつ！」の掛け声で運転手役・車掌役が歩き出す。「電車、電車、電車」の歌に合わせ、歩幅を揃えて、お客さんの待つ「停車駅」まで進む。
もし途中で音楽が止まったら電車はストップする。音楽が鳴ったら進む。
⑥お客役の待つ「停車駅」に着いたら、運転手役と車掌役はお客役が立っている側の棒を上げる。お客役は運転手役と車掌役の間に入る。運転手役と車掌役は上げていた棒を元の位置に下げる。お客役は、棒を持たずに、手をおろして体の横につけておく。
⑦スタッフの「しゅっぱーつ！」の掛け声で、運転手役と車掌役とお客役は終点の駅まで進む。
途中、音楽が止まったら電車はストップ、音楽が速くなったら急いで進む、音楽が遅くなったらゆっくり進む。
⑧「終点の駅」に到着したら、運転手役と車掌役は棒を置く。
駅員役が「ご苦労様でした！」と言って敬礼のポーズをする。
運転手役・車掌役・お客役、全員で敬礼のポーズをする。

ご苦労様
でした
ピッ!
終点の駅

ー

42

ち

楽しい空間を満喫

大好きな人とダンス

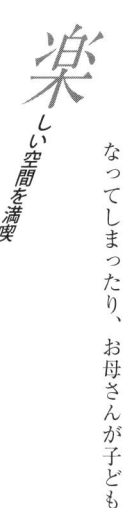

3歳くらいの子どもとお母さんのために考えた活動で、2人で行なう簡単なダンスです。きちんと踊れることが目的ではなく、大好きな人と触れ合い、2人ともちょっと嬉しい気持ちになることを目標にしています。

子どもは「ママ！」と言うだけですが、歌詞の中に「大好きな人」という言葉が組み込まれているので、呼ばれたお母さんはちょっと嬉しくなりますよね。

ダンスは、動きを決めていません。手をつないで回ったり、手を揺らしたり、2人のその時のフィーリングで動いてもらいます。動きを決めてしまうと、その通りに動くことに一生懸命になってしまったり、お母さんが子どもに「ちゃんとできること」を求めてしまったりして、本来の目的からはずれてしまう可能性があるからです。この活動では、「ちゃんとできること」ではなく、「ただ」音楽に合わせて2人の楽しい空間を満喫してもらうことが大切だと思っています。

子ども同士で行なうと、きっと微笑ましい光景が生まれるでしょうし、高齢者のデイケアなどで行なうと、「愛の告白」が生まれたりして、ドキドキ盛り上がるかもしれませんね！

[活動のしかた]

①スタッフが「大好きな人を呼んでみよう、大きな声で呼んでみよう♪」と歌う。
②子どもが「ママー」など、大好きな人を呼ぶ。
③呼ばれた人は「はーい」と返事をして子どものところへ来て、両手をつなぐ。
④「ラララ ラララ ラララ ラララ 2人のダンス」の歌に合わせて、2人で手をつないで自由に回ったり、手を揺らしたりする。適宜、④を繰り返す。

回

ないなんて

43 ネタ帳 For Kids 鈴木涼子

ママー♡
ハーイ♡
Happy Music
ラララ♪
ラララ〜♪

大好きな人とダンス

作詞・作曲　鈴木涼子

F Gm C F Gm C7
だいすきなひとを　よんでみよう　おおきなこえで　よんでみよう
「ママー♡」　「はーい♡」　（ママが来て、2人で手をつなぐ）
B♭ Am Gm F Gm F/C C F
ラララララ　ラララララ　ラララ　ラララ　ふたりのダンスー

ー

男の子に人気の活動

チェケラッパ

ラッパとラップを用いてラッパーのキャラクターを育てる活動です。指示に注目したり、マッチングをしてラッパを鳴らしたり鳴らさなかったりします。キーボードなどでビート音を鳴らしながらやると雰囲気がでます。特に男の子に人気のある活動です。スタッフもラッパー気分で、カッコつけてやりましょう。カッコつけても、ユーモアが溢れてしまいます（笑）。

［活動のしかた］

用意するもの

・人数分のラッパ（リードホーン）

・ラッパーのキャラクター（自分で絵を描いたり工作したり、ネットから画像を拾ったりして、キャラクターが立派なラッパーになる過程を用意しておく。たとえば、子ども→ポロシャツにジーパンの青年→ラッパー風の格好をした青年→ラッパー風の格好をした青年が手にマイクを持つ→ラッパー風の格好をしてマイクを持った青年が、ラッパー風のポーズをしている→ラッパー風の青年のまわりに音符が飾られる、など）

［活動のしかた］

①スタッフ１人が子どもたちからよく見える位置に座る
②スタッフと子ども全員で、ラッパー風（ＤＪがディスクをスクラッチしている風の動きと、ラッパーが〝Ｙｏ！〟と言うときのような動き）をしながら、「チェケチェケチェケチェケチェケラッパ　チェケチェケチェケチェケチェケチェケラッパ　吹くか吹かぬかよく見て Yo!　吹くか吹かぬかよく見て Yo!」と歌う
③スタッフが「３・２・１」と言った後、ラッパの写真を出す（もしくは出さない）
④子どもたちはラッパを鳴らす（写真が出なかったときは鳴らさない）
⑤子どもたちがラッパを鳴らす（あるいは鳴らさない）ことができたら、みんなで親指を立てて「いぇ〜い」と言う
⑥③〜⑤をあと２回繰り返す
⑦ラッパーのキャラクターが成長する（青年になる、マイクを手に入れる、ラッパーの格好になる、など）
⑧②〜⑦を数回繰り返す
⑨見事に世界一のトップ・オブ・ラッパーに成長したら終わり！

45 ネタ帳 (For Kids) 鈴木涼子

そんなのは

＊この活動は、子どものこころ音楽療法研究会
「ジュバラント」の栗田萌さんが考案したものです。

チェケラッパ

作詞・作曲　栗田萌

チェケチェケチェケチェケ　チェケ ラッ　パ　　チェケチェケチェケチェケ　チェケ ラッ　パ
ふ く か ふ か ぬ か　よ く み て Yo!　　ふ く か ふ か ぬ か　よ く み て Yo!
3.　2.　1　（子どもが注目していることを確認してから）ハイ！（カードを見せる or 見せない）

か

46

くだり

安全にハプニング体験

ハプニングピクニック

ピクニックごっこの途中にさまざまなハプニングが起きるので、それを受け止めたり、解決したりするスキルを促進する活動です。発達年齢が5歳以上くらいのお子さんのために考えました。

発達障がい、特に自閉症スペクトラム障がいのお子さんの中には、やり方の決まった課題に取り組むのは得意だけれど、「予想しなかった変化」に対応することが難しい場合があります。でも、日常生活には「予想しなかった変化」=「ハプニング」がたくさんあります。そこで、楽しく安全な音楽療法の中で、さまざまなハプニングを体験してもらうことにしました。

[活動のしかた]

人数:子どもを含めて3〜7人くらい。スタッフが2人以上入ることが望ましい。

①好きなパペットを1人ひとつ選び、装着する(パペットなしで行なってもよい)

②おままごとの食べ物、救急セット、おもちゃ、防寒具、傘、などの荷物が入ったカゴを誰か1人が持つ

③「ピクニック、ピクニック、行こう〜」とみんなで歌いながら部屋の中をスキップする

④途中で突然ハプニングが起きる
たとえば、
誰かが「うぅっ、お腹が痛い」とうずくまる
誰かが「お腹が空いた」と言う
誰かが転んでしまう
誰かが「トイレに行きたい」と言う
誰かが「この辺でボール遊びしようよー」と提案する
雨が降ってくる、などなど

⑤みんなでハプニングに対処する
お薬を飲ませてあげる、ちょっと休む、何が食べたいか聞いて食べさせてあげる、傷の手当てをしてあげる、トイレに行く、ボールで順番に遊ぶ、傘をさす、など

⑥ハプニングが解決したら、またみんなでピクニックに出発する

⑦途中でハプニングが繰り返される

⑧誰かが「そろそろ帰ろうか」と提案し、歌いながら帰る

⑨「楽しかったね」、「またピクニック行こうね」などと話をして終了する

いやだ！

47 ネタ帳 For Kids 鈴木涼子

スタート
お部屋をぐるぐるまわる
いこうー♪
いこうー♪
ピクニック
ピクニック
いこうー♪
しばらくすると…
どうしたの？
エーン。
エーン。
おなか
すいちゃたの
何が
たべたい？
くだものが
たべたい
どうぞ
ありがとう！
よかったね♪
ハプニングは
たびたびおきる

自閉症スペクトラム障がいなど、ごっこ遊びで「演じる」のが苦手なお子さんもいますが、対象物があれば大丈夫な場合もあるので、この活動ではパペットを使用しています。自分で演じられるのであれば、パペットなしでいいと思いますし、パペットやぬいぐるみが怖いという場合はペープサートにするなど、それぞれのお子さんに合わせて工夫してください。

ハプニングピクニック

作詞・作曲　鈴木涼子

F
C7/F
F
F
C7/F
F
ピーク ニック ピー クニック いこうー（いこうー） ピー クニック ピー クニック いこうー（いこうー）
つづく

「音楽」の持つ たくさんの可能性を信じて

樋口利江子

「音楽療法」とはもうずいぶん長い付き合いになりました。

　音楽療法の実践を始めた頃から変わらず持ち続けている思いはふたつ。目の前にいるこの子が、大きくなっても今と変わらず、かわいい笑顔でいてくれること、そして一人の大人として社会参加ができるようになって欲しいということ。その実現のために私は何ができるだろうかを問い続けて、今に至ったように思います。もちろん、日々のセッションの中に正解などあるものでもなく、ただただ先駆者の本や声を頼りに、いろいろ試しては悩み、工夫し、回を重ねてきました。

　つい先日、成人を迎え、作業所に通う生活になっても続けてセッションに来てくれる生徒のお母さんが、たまたま居合わせた、初めて教室を訪れてくれた保育園児のお母さんに、「私はこの子の楽しそうな笑顔が見たくて、もう17年もここに通っているんですよ。その顔を見ていると私も幸せな気分になれるので、これからも通うつもりです」と言ってくれているのを聞きました。嬉しい言葉です。同時に、この気持ちに応えないと、と奮起する言葉でもあります。

　このように、かかわった子どもの数だけのいろいろなエピソードがあります。その中から、とびっきりの笑顔を見せてくれた活動や、生活に般化（一般化）したネタ、そして同席していた家族の声もあわせてご紹介したいと思います。

　当たり前ですが、音楽がそこにあるだけでは、障がいを持つ子どもたちの積極的な成長は望めません。どんな音が、リズムが、それ以上に、発信するセラピストがどれだけの技量を持って

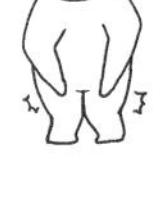

いまを

49 ネタ帳 For Kids 樋口利江子

いるかが大切です。そしてもうひとつ大切なのが、子どもの実像、発達段階を正確に捉える知識です。

　教室では、オリジナルの発達表を作成し、その表を指標に目標や活動内容を検討します。そして、定期的に教室スタッフで生徒報告会を行ない、複数の視野で多角的に対象児を捉えられるよう話し合う時間を設けています。

　この原稿も、教室スタッフにも協力してもらい、執筆しました。教室スタッフは私を含め音楽療法士が6名在籍し、他にドラム講師、ギター講師など総勢14名で、対象児の「今」に必要なかかわりに対応しています。スタッフの年齢、見た目、技術やキャラクターなどはさまざまですが、子どもたちに向き合う意識は同じで、しかし向き合う方法はマニュアルではなく自己意識で動く、他にはない音楽療法空間が提供できる教室であると思います。

　成長・発達には環境が大きくかかわります。どのような出会いを提供できるか、それはどれだけの手札をこちらが持っているか、ともいえるでしょう。

S・H 年 月 日生 男・女		年齢：（ 歳） ヶ月		診断名：
社会性		言語		音楽
基本的習慣	対人関係	表出	理解	
空腹時抱くと顔を乳の方へ向け欲しがる	泣いている時、抱き上げると泣きやむ	元気な声で泣く	大きな音に反応する	
満腹になると乳首を舌で押し出したり顔を背ける	人の顔をじっと見つめる	色々な泣き声を出す		動くのをやめ鳴っている響きや楽器の方をじっと見る
顔に布をかけられて不快を示す	人の声がする方に向く	泣かずに声を出す（アー、ヴァなど）	人の声で静まる	音色の識別
さじから飲むことができる まばたきができる	あやされると声を出して笑うｲﾅｲｲﾅｲﾊﾞｱで笑う	声を出して笑う		2オクターブくらい離れた高さの音の識別
おもちゃを見ると動きが活発になる	人を見ると笑いかける 部屋に誰もいなくなると泣く	きゃーきゃー言う	母の声と人の声を聞き分ける	動きを止め響きや楽器への注意が30秒以上続く
ﾋﾞｽｹｯﾄ等を自分で食べる	鏡の自分の顔に反応 母の出す手に体を乗り出す	人に向かって声を出す 音節の繰り返しが始まる		歌声と話し声を識別 5度の音程の2音の識別
コップから飲む	親しみと怒った顔がわかる 要求を声で知らせる	喃語が始まる	手出し	全音程+半音程（例：EとG）離れた2音の識別
顔を拭こうとすると嫌がる 他人の食べ物を欲しがる	鏡を見て笑いかけたり話しかけたりする	マ、バ、パなどの音声がでる「志向の音声」	「バイバイ」に反応する	
コップなどを両手で口に持っていく	おもちゃを取られると不快を示す	タ、ダ、チャなどの音声がでる	見つけたものや人を指す「志向の指さし」	音響とその源を結びつける（人あるいは物体）
泣かずに要求を示す「マンマ」といって催促をする	模倣が出始める 作り笑いや愛想笑いをする	さかんにお喋りをする（喃語）	叱られたことがわかり始める	音楽的な音を聴くのを楽しむ

音楽教室「音楽工房 CON」オリジナル発達表（部分）

HIGUCHI Rieko

名古屋音楽大学音楽教育学科卒業。河合楽器講師を経た後、樋口音楽教室を主宰。2005年に音楽療法を軸とした音楽教室「音楽工房CON」を設立。音楽療法に留まらず、ピアノ、ドラム、ギター、和太鼓などのレッスンや、キッズ・ヨガ、療育相談、季節ごとのイベントも定期的に開催し、子どもたちの発達を支援している。近隣の特別支援学校・支援学級、児童デイにて音楽療法を実践。また、高齢者施設、緩和ケア病棟においてもセッションを行なっている．日本音楽療法学会認定音楽療法士、ナード・アロマセラピー協会認定アロマ・アドバイザー

50

くものす

感覚を楽しむ

音楽と小道具で動きを誘う

成長過程の中で、ふれあい遊び、触覚遊びが大好きな時期があります。その段階のセッションでは、小道具を工夫します。感触や大きさの違う布や敷物、フープ、ボール、段ボールで作ったトンネル、ミュージックパッドなど、五感をフル活用する活動です。どれかひとつの場合もあれば、サーキット活動のように複合させるなど、提供の仕方はさまざまです。

　楽器は聴覚を育てることに焦点が当たりがちですが、小物楽器は工夫しだいで思いがけず意外な「道具」になってくれます。よく使うのは、ギロ、カバサ、クラベス、カウベル、フィンガーシンバル、鈴、エッグマラカス、ウッドブロック、セミーヤ、自転車のベル、オーシャンドラム、レインスティックなどなど。子どもの手のサイズでも扱えるものを選び、歌に合わせたり、お友だちや家族も交えて合奏をしたり。その中で、握り方、手の操作、力加減、タイミングといった、今、獲得してもらいたい課題を付加し、動きを誘います。

「きかせてくれるかな?」「楽器を鳴らそう」は、動きを誘う「間」を意識して作りました。ある重度知的障がいの女の子は、普段の生活で手を「パーにする」ことが苦手でしたが、カバサを気に入り、自ら手をしっかりパーに広げ、音を鳴らせるようになりました。また、自閉症の男の子は握力が弱く、指先もうまく使えなかったのですが、自転車のベルを鳴らすことに夢中になり、そのうちにペットボトルの蓋を開閉できるようになりました。

い

51 ネタ帳 For Kids 樋口利江子

きかせてくれるかな？

作詞・作曲　樋口利江子

○ ○ くん は どん な お と　○ ○ くん は どん な お と
□ □ ちゃん は どん な お と　□ □ ちゃん は どん な お と
△ △ ちゃん は どん な お と　△ △ ちゃん は どん な お と
み ん な で どん な お と　み ん な で どん な お と

楽器をならそう

作詞・作曲　樋口利江子

（ク ラ ベ ス） な ら そ　（マラ カ ス） な ら そ
（ギ ロ） を な ら そ　（ビ ブラ スラ ップ） な ら そ

みん

じゃりみち

真似から始まる

認知課題を取り入れて　1

何かができるようになるのは、まずは「真似」から。真似するうちにだんだん自分のものになり、動きも言葉も獲得していきます。その手助けには、いろいろなカードを使います。表情、動作、動物や海の生き物も登場します。顔真似では、日常の出来事をヒントに「眠たいときはどんな顔？」「好きなもの食べたらどんな顔？」など、生活の中にある表情を、時にはセラピストや母親がお手本を見せ、真似を促します。この時は鏡があると効果的です。動作模倣では、象の特徴やゴリラの動き、ワニやヘビ、鳥、ウサギ、馬など、独特な動きの模倣を誘います。中には実際には見たことがない動きもあるのですが、そこはセラピストの技量の見せどころ。いかに楽しく提示するかで、子どもたちの動きが変わります。

海の生き物は緩やかな動きをつくることができます。クラゲ、タコ、ワカメのように、動きがおもしろく、日常にはない動きも多くあります。動物園や水族館に、遠足や家族と行ったことのある生徒も多く、動きもなかなかリアルで、おもしろいエピソードを披露してくれる子どももいます。そこから生まれたのが、遠足に行く前の準備を歌にした「今日は遠足」です。楽しみな遠足に忘れ物をしてしまったら大変。リュックに入れる物のイメージを膨らませながら、ひとつひとつ確認して入れていく一連の動作は、日々の生活にも般化していきます。この曲は、短いミュージカルとしても舞台で演じてもらいましたが、皆なかなかの名演技でした。

イラスト
音楽工房 CONスタッフ

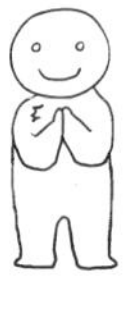

きる

53 ネタ帳 For Kids 樋口利江子

おなじはどれ？

作詞・作曲　樋口利江子

あてっ こ ク イズ　あてっ こ ク イズ
さあ　さいしょの
もんだいです
お な じ は ど ー れ
そう！
だいせいかい！
お な じー　お な じー　○ ○ と ○ ○ は　お な じ

今日は遠足

作詞・作曲　樋口利江子

きょう は えん そ くー きょう は えん そ くー　みん な でゆ こ う　きょう は
えん そ くー きょう は えん そ くー　バ ス に の ろ う
おべん と もっ て　すい とう もっ て　お や つ もっ て　Go! Go! Go! きょう は
えん そ くー きょう は えん そ くー　みん な でゆ こ う

な

54

でこぼこ

マッチングを促す

認知課題を取り入れて　2

成長発達を促す課題を考える時、まず頭に浮かぶのは危険回避ができるようになってほしいということです。色を覚えることは信号がわかることに繋がります。赤、黄色、緑から覚えてもらおうと作ったのがマッチング課題の曲「同じのはどれ?」です。

まずはそっくり同じ物を見つけ、徐々に同じ色だけど形がちがうもの、大きさのちがうものを仲間集めする活動です。部屋中に色カードをばらまき、歌に合わせ、箱に回収する、壁に貼って集合体を作るなど、状態や視線にも変化をつけて、確実性を上げ、だんだん色の数を増やしていけるよう課題を提示していきます。身近な虹の7色を覚えることで、色つきのベルで合奏する活動へ繋げることもできます。また色名は英語で表現されることも多いので、時には英語の歌（「I can sing a rainbow」など）も入れて。そして物の名前とのマッチングを促すために作ったのが「どっちかな?」の曲です。たとえば、お母さんに「リンゴ取って」と言われ、ちゃんとリンゴを渡せたら褒められて嬉しいし、お母さんも成長が感じられ、そこに笑顔が生まれます。「どっちかな?」は選択課題にも使えます。「やりたいのはどっち?」「好きなのはどっち?」「今やらなきゃいけないのはどっち?」という活動は、子どもの自尊心をくすぐり、受容しなくてはいけないことを知る機会を作ります。子どもでもすぐに復唱できるフレーズなので、時にはセラピストと子どもの立場を逆にしてみると、子どもたちの心を少し覗くこともできます。

いて

ことで

55 ネタ帳 For Kids 樋口利江子

りんご♪
♪

どっちかな？

作詞・作曲　樋口利江子

（例）りんご　りんご　りんごは　どっちかな
（例）バナナ　バナナ　バナナは　どっちかな

一

56

ばしに

いろいろな楽譜

教室では毎年1回、1年の成長を披露するコンサートを開催しています。ピアノ演奏、ドラム演奏、歌唱、ベル演奏、朗読など出演方法はさまざまです。その中で頻繁に登場するのがひらがな楽譜と付箋。五線譜の理解が難しい生徒のために、ひらがなで記譜したものと、ひらがなで「どれみ」が書いてある色付きの付箋を使い、簡単なメロディから両手奏まで、ジャンルも幅広く手作りします。もちろん、付箋がいらなくなれば外し、五線譜が理解できるようになれば市販の楽譜に移行していきます。好きな曲が演奏できたら楽しいですよね。褒められたら、もっとやろうと意欲が湧きます。自分で曲を探してきてはリクエストする子、同じ曲を他の楽器でも演奏する子、家庭や学校、通っているデイサービスで披露する子と、内面の成長だけではなく、外向きに力を発揮できるよう育ってくれます。

認知課題を取り入れて　3

　また数字を使う場合もあります。ドラムに数字カードを貼り、数字で楽譜を作ります。ドラムの活動は四肢を使い、各太鼓の位置を意識することで空間を捉えることができます。そしてなによりカッコイイ状況を演出でき、そのうえ音階楽器のような正解不正解がありません。音符がわからなくても数字がわかればできてしまう。数字の持つ概念が理解できなくても図形として認識できれば大丈夫。このように、その子に合わせるための「工夫」を考えるのはとても楽しい時間です。

たた

あつい

57 ネタ帳 For Kids 樋口利江子

で

58

いっぽん

社会性を育む

グループセッションの目標を設定する時、「社会性を育てる」という課題が多くみられます。大きくなって社会参加をするうえで欠かせない力です。それは、他者に対して適切な対応ができること、協調的に行動できること、家族以外の人とも社会性スキルをともなった行動ができるということ。つまり、お友だちと一緒にいる時、周りに嫌な思いをさせず、みんなで楽しい時間を過ごすことができる人になってほしいということです。

そのために必要なものの一つがコミュニケーション力。その第一歩が要求の伝達です。やりたいこと、やめてほしいことなどを伝える手段を身につけると、本人も周りも楽になります。

コミュニケーションの力を育てる

セッションでは、言葉を持たない子には動作での伝達方法を促します。

保育園年中児のA君は、まだ言葉はありません。やりたいと手を出し、飽きると場から離れ、気に入らないと泣く。そんなA君は、セラピストが太鼓をグリッサンドで鳴らすのが大好き。だんだん迫ってくる雰囲気が高揚を呼ぶようです。それをピアノで、他の打楽器で、そして歌で同様の活動をするうちに、人差し指を立て「もう1回」を伝えてくれるようになりました。喃語も伴って。その後、活動の「おしまい」を告げる動作も身につけ、生活の中でも要求動作として出すことができるようになりました。また、終わりがあることの安堵感も覚えてくれたようで、表情が豊かになり、「みんなで楽しい時間を過ごす」という目標に向け、着実に成長していると感じています。

回

59 ネタ帳 For Kids 樋口利江子

こころ

せーの ポン！

作詞・作曲　樋口利江子

た いこ をた たこ う せ ーの ポン た いこ をた たこ う
せ ーの ポン た いこ をた たこ う せ ーの ポン

「たいこをたたこう」を「ピアノをならそう」「せーの　グリッサンド」などと形を替えて活動します。

ダン

60

ぱら

絵本を使って ことばを育てる

セッションではよく絵本を使います。絵の色彩が原色に近く、短いストーリーの作品を多く使用します。絵本を使う目的は、「ことばを誘う」「視覚に集中する」「予測を促す」「短期記憶に働きかける」「状況をイメージする」などさまざま。子どもに合わせ、同じ絵本でも意図は変化します。

『へんなかお』は、いろいろな動物がリアルに変顔。模倣、擬音を誘います。鏡が張ってある最後のページで自分を見た瞬間、子どもたちは嬉々として母親や周囲の人に本を見せ始めます。『なっとうぼうや』は、和調の節をつけて歌いながら読むと、納豆嫌いの子が食べるようになり、『もっかい』は焦げてしまう絵本にビックリ。意表をつく提示は科学変化のような空気感を招きます。『がまんのケーキ』は絵本を画像にしてプロジェクターで流し、子どもにアテレコのように台詞を読むよう促したら、見事に役を演じました。それをやった子どもは、言葉がうまく出ず、「喋らない子」になりつつあった時期でしたが、乗り切ることができました。『じゃがいもポテトくん』は、一緒に見ているお母さんたちにウケる本です。大人だから想像できるちょっとシュールな内容で、「きっと子どもにはわからないけど何か楽しい」という時間が作れる1冊です。

絵本の活動は視覚優位の子どもに効果的と思われがちですが、台詞やストーリーにメロディをつけて歌ってみたり、効果音を加えたりすることで違う効果を生むことができます。

絵本、お奨めです。

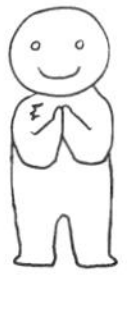

もえる

なっとうぼうや

作詞・作曲　樋口利江子

ね　ばね　ばね　ばね　ば なっ とう　ぼ　うや
おて　てつ　ない　で　ね　ばね　ばよ～

『へんなかお』（大森裕子作／白泉社）
『なっとうぼうや』（わたなべ あや作・絵／学研教育出版）
『がまんのケーキ』（かがくい ひろし作・絵／教育画劇）
『じゃがいもポテトくん』（長谷川義史作・絵／小学館）

ス

62

くさっ

補助具を工夫する

ひとの持つ可能性を信じて

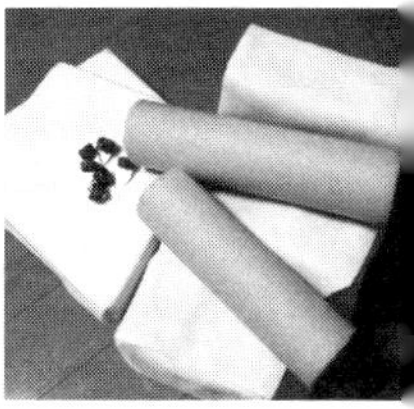

私の仕事の8割ほどが障がいを持つ子どもたちへの音楽療法です。その中で、ある青年と知り合いになりました。普通の大学生活を送っていた彼は、交通事故の後遺症で、今は左手の手首から先と瞬きだけで気持ちを伝えます。その彼へのセッションは、家族から彼の好きな音楽をリサーチし、彼の前で歌うことから始まりました。最初は彼にも戸惑いや遠慮があったでしょう、表情もあまり動かず、意思表示も、何度か促されてやっとという感じでした。セッションは、彼の自宅に訪問し、母親とヘルパー、もしくはＰＴ（理学療法士）が同席して、彼は車椅子に座って参加します。どうしても「やらせる」感が強くなってしまいがちなのを、できる限り彼の意思で、彼が持つ力で、そして「一緒に」活動できたらと考え、工夫したのがいろいろな補助具です。楽器は本物を使いたい、だったらそれを操作できるために必要な道具を用意すればいい、という発想です。角度をつける、高さを作る、動かす方向や鳴らすタイミングを明確に提示、そして音楽性の高いものに仕上がるよう選曲を考慮しました。これは訓練の時間ではないので、同席の2人にも「一緒に」やってもらいます。2人のちょっとした失敗や真剣な表情は彼の笑いを呼んで、しだいに柔らかい表情になり、答えも自然に返ってくるようになりました。

　音楽の持つ力は無限だと感じる瞬間でもあります。

拍手

だから

63 ネタ帳 For Kids 樋口利江子

リー

その子にぴったり！アプリを使ったアセスメント＆セッション

福田りえ

私のピアノ教室には自閉症やアスペルガー症候群をはじめ、軽度から重度、そしてグレーゾーンまでいろいろな子どもたちが通って来ていますが、ひとつの障がいや疾患だけでなく、ほかの問題を併せて持っていることも少なくありません。そういった子どもたちの日常生活の中で起きるさまざまな問題を少しでも軽減し、社会性を身につけるためのソーシャルスキルの向上に役立つように、従来のピアノレッスンや音楽教育のあり方と、音楽療法によるアプローチとを組み合わせて、日々のピアノレッスンやセッションに活用しています。

　その中でとても有効だなぁと感じているのが、Appleの iPad とそのアプリ。私はもともとゲーム制作の現場でＢＧＭや効果音を作っていたこともあり、「人はどんな音にどう反応するか？」について仕事を通して経験する機会も多かったため、iPad が登場したときはごく自然に、リズムや読譜など、いろいろなアプリを通常のピアノレッスンで試すようになりました。

　また、特別支援学校で iPad アプリの体験会があったことを親御さんからお聞きし、もしかしたら障がいを持つ子どもたちにも有効なのではと、自分でも独自に研究し活用を始めたところ、これがとても好評で、そこからさらにアセスメントやセッションへの応用につながっていったのです。

　音楽療法ではその後の処方を決めるためにも最初のアセスメントは欠かせませんが、そこでも iPad アプリは大活躍しています。ピアノ教室でいう体験レッスンに当たるアセスメントですが、そこではまずその子の今の状態を把握し記録しておき、後に経過を見るとき

きみは

に比較することで、その後の方向性をチェックすることができます。そのとき大切なのは指導者の主観ではなく、できるだけ客観的な「値」を用いること。主観が入ってしまうと、指導者の気分や感情に左右されることになりますが、その点、iPadアプリはとても正確に「値」を出してくれます。使用する多くのiPadアプリでは、多かれ少なかれゲーム的な要素が盛り込まれていて、それが得点や数値、グラフ、あるいはグラフィックとして具体的に表示されますので、主観が入らないばかりか、記録すらオートでしてくれます。たとえばアセスメントで60点だったものが、セッションを続けた2か月後には70点、半年後には80点という具合に、経過の変化をより具体的に知ることができるわけです。

　また単純に面白いので子どもたちも真剣かつ楽しんで取り組むことができます。抵抗感も少なく、高いモチベーションを維持できるのもiPadアプリの優れている点で、嫌がっているところを無理にやらせる必要もありません。iPhoneなどのスマートフォンよりも画面が広いというのもポイント。指先のタッチを伴う行動によって、発育を促す効果も充分に期待できます。さらに新しいアプリが次々と登場してきますから、飽きやマンネリとも無縁。状況に合わせてさまざまなアプリからチョイスできる選択の幅の広さも兼ね備えているんです。

　これはもう使わない手はありませんよね。そこで、アセスメントの場面でどんなアプリを使用しているのか？　そしてその後のセッションでは、どんなアプリをどのように使っているのかをご紹介したいと思います。

FUKUDA Rie

大阪音楽大学ピアノ科卒。福田音楽教室・音楽療法研究所ラポールハート主宰、ピアノ講師。日本音楽療法学会認定音楽療法士。在学中から実家でピアノ教室を開き、卒業後に大手コンピュータゲーム会社でゲーム音楽の作曲を手掛ける。一般的なピアノレッスンの他に、障がい児への個人セッションやピアノレッスンを通して、ソーシャルスキルトレーニングにも精力的に取り組んでいる。ブログやメルマガ、SNS、動画などWEB上のデジタルな活動も積極的に展開中。
http://fukuon.net/fukudarie/

ダーの

さかみち

『さわる』を育てる

シンプル操作で「さわる」体験

これはiPadに「さわる」ことに着目したアプリです。「さわる」ことが可能になれば、ピアノや楽器だけでなく、さまざまな活動に発展させていくことができます。

【Arpie アルピー】は画面をタッチした場所から、まるで雨のようにたくさんのボールが落ちていき、優しい音を奏でてくれるアプリです。その子の好きなタイミングでタッチでき、すぐ返ってくる画面の反応が感覚を刺激します。画面をタッチするだけのシンプルな操作なので、重度の子どもたちも充分に楽しめるでしょう。

iPad アプリ「Arpie」

◎アセスメント・チェックポイント

・身体機能チェック

その子の身体機能を見るために、手や足、頭など身体のどこが動いたか、また指先の開閉などに注目して、その変化や回数を記録します。

・集中力チェック

集中力を見るためにはアプリを使っていた時間と、その子の目線の行く先をよく観察してください。

・自制心チェック

他の人がiPadに触っても怒らないか自分からゲームを終わらせることができたかなど、いくつかの視点で見ていきましょう。

その他、一定のリズムを刻んでいたり、歌いながらさわったりと、音楽的な要素があったかもチェック。また喜怒哀楽の表情を観察することで、アプリがご褒美になり得るかどうかがわかります。もしとても喜んでいたら、セッションの最後にアプリの時間を設定すると「ごほうび効果」も狙えます。

イラスト
福田りえ

して

いくんだ

67 ネタ帳 For Kids 福田りえ

さりげなく、「左手(右手)をつかえるかな?」とか
「自分で終われるかな?」と、声かけしてみよう。

セッション&レッスンアイデア

・アプリから鳴る音に合わせて指導者がピアノなどで即興演奏。もしその子からピアノの音への「拒否」が出たら、アプリの音だけにします。
・タッチすることに慣れてきたら、タッチペンを2本用意し、マレット（バチ）代わりに使わせるのもいいですね。タッチペンの扱い方によっては、実際の打楽器のマレットや、お絵かきの鉛筆への導入など、さまざまな可能性が見えてきますので、注意深く観察してみてくださいね。

その他のアプリ紹介

・タップ花火……さわったところに花火が上がります。
・iLoveFireworks……好きな曲に合わせて花火を楽しむこともできます。

ポー

P.66～75でご紹介しているアプリを使用した活動の動画は、こちらのサイトでご覧いただけます。
http://goo.gl/8zMMgG

68

ゆこう

『なぞる』を育て『書く』につなぐ

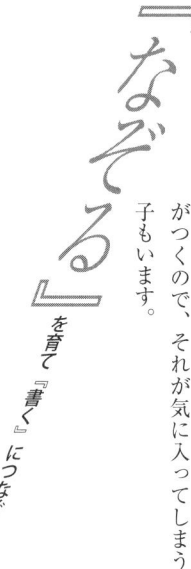

指で何かを「なぞる」ことはマネをすること、つまりモデリングにつながり、いろいろな技術を習得する上でとても大事です。また「なぞる」ことは「書く」技術への橋渡しにもなるので、絵を描いたり文字を書いたり、音楽の場合は音符を書くことへとつながります。

【ナゾルート】は、乗り物に乗ったかわいいウサギやネコが、ゴールの旗まで行けるように画面上を指でなぞって道を作ってあげるアプリです。まずは一本線からスタートして、曲線やギザギザなど初歩の運筆トレーニングができます。手を離すとビシュン！と効果音が鳴ったり、楽しいアニメーションがつくので、それが気に入ってしまう子もいます。

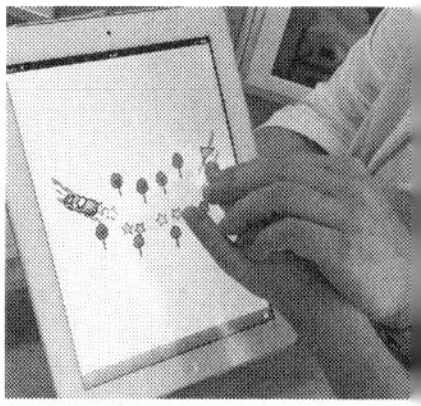

iPad アプリ「ナゾルート」

「描く・書く」のステップへの架け橋

◎アセスメント・チェックポイント

・クレーン現象のチェック

自分の意思を伝えたり思いを実現させようと、他人の腕や手を持ってクレーンのように動かす「クレーン現象」は自閉症スペクトラムの子どもの特徴的な行動パターンです。効果音がビシュン！と鳴ったり、派手なアニメーションの演出がある場合、それに躊躇して指導者や親御さんの手を使ってプレイしようとしないかをチェックします。

・「書ける」へ進めるか

画面上の指定されている場所、またはその子自身が意図している場所へ指を運べているかどうかもチェック。そして、自分の指でちゃんとできたか、タッチペンに替えてもできたかどうか。これらが「描く・書く」という次のステップへ進めるかどうかの判断ポイントとなりますので、よく観察しましょう。

まわ

ほほえんで

69 ネタ帳 For Kids 福田りえ

のりもの から はた まで
ゆびでなぞってみよう
できるかな？
感覚過敏（触覚・音量・光の強さなど）に、
即対応できるように、iPad設定もチェック！

セッション＆レッスンアイデア

・もしクレーン現象が見られたら、まずは自分から手を伸ばせるようになることを次の目標にして、今後のレッスンやセッションをスモールステップで組み立てていきます。

・短い曲や鼻歌を作り「でっきるっかなぁ～、○○ちゃんに書いてもらおうかなぁ～♪」と指導者が歌いながら、ワクワクさせるように持っていくことで、事前の期待感とできたときの達成感を、同時に満たすことができるようになります。

その他のアプリ紹介

・モジルート……文字につなげる大事なアプリ。

・いっしょに書き方練習……指導者の書く線をなぞって書いてもらえるので、ト音記号や音符などもお試しあれ。

ズを

70

『かぞえる』を育てる

日常生活にも役立つ数の概念

画面にタッチして手指が動くようになったら、次は数を数えることを目指します。数は、お金の計算や日時の把握、時間や時計の感覚から料理まで、日常の生活から切っても切れない大事なことです。また数を理解できれば、音楽も理解しやすくなります。

【パンケーキタワー】は、画面上部のフライパンから焼き立てのパンケーキを指でなぞって、下にあるお皿に積み重ねていきます。とても単純なゲームですが、積み重ねたパンケーキはグラグラと揺れて倒れやすくなるので、バランスを考えながら上手に重ねていくことが大切です。

積み重なったパンケーキの枚数も表示されていますから、今回は何枚まで積み上げたかとか、次はそれを越えられるか、またはお友だちやママの記録と比較したりと、挑戦する意欲もかき立ててくれます。

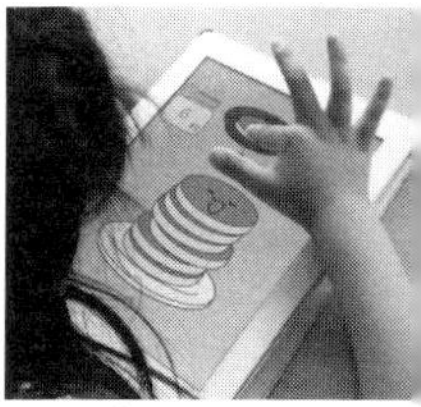
iPad アプリ「パンケーキタワー」

◎アセスメント・チェックポイント

・数認識のチェック

パンケーキの枚数を意識できているかどうかチェックするために、声を出して数えながらやってもらいましょう。

・理解度のチェック

パンケーキが積み重なったり崩れたりという物理的な法則性の理解度をチェックします。

・集中力のチェック

大人もハマるこのゲーム。何回まで、あるいはどれくらいの時間、集中してできるかも要チェック。

・左右差のチェック

右手左手での操作感の違いをよく観察し、利き手の確認もします。

そうだ

71 ネタ帳 For Kids 福田りえ

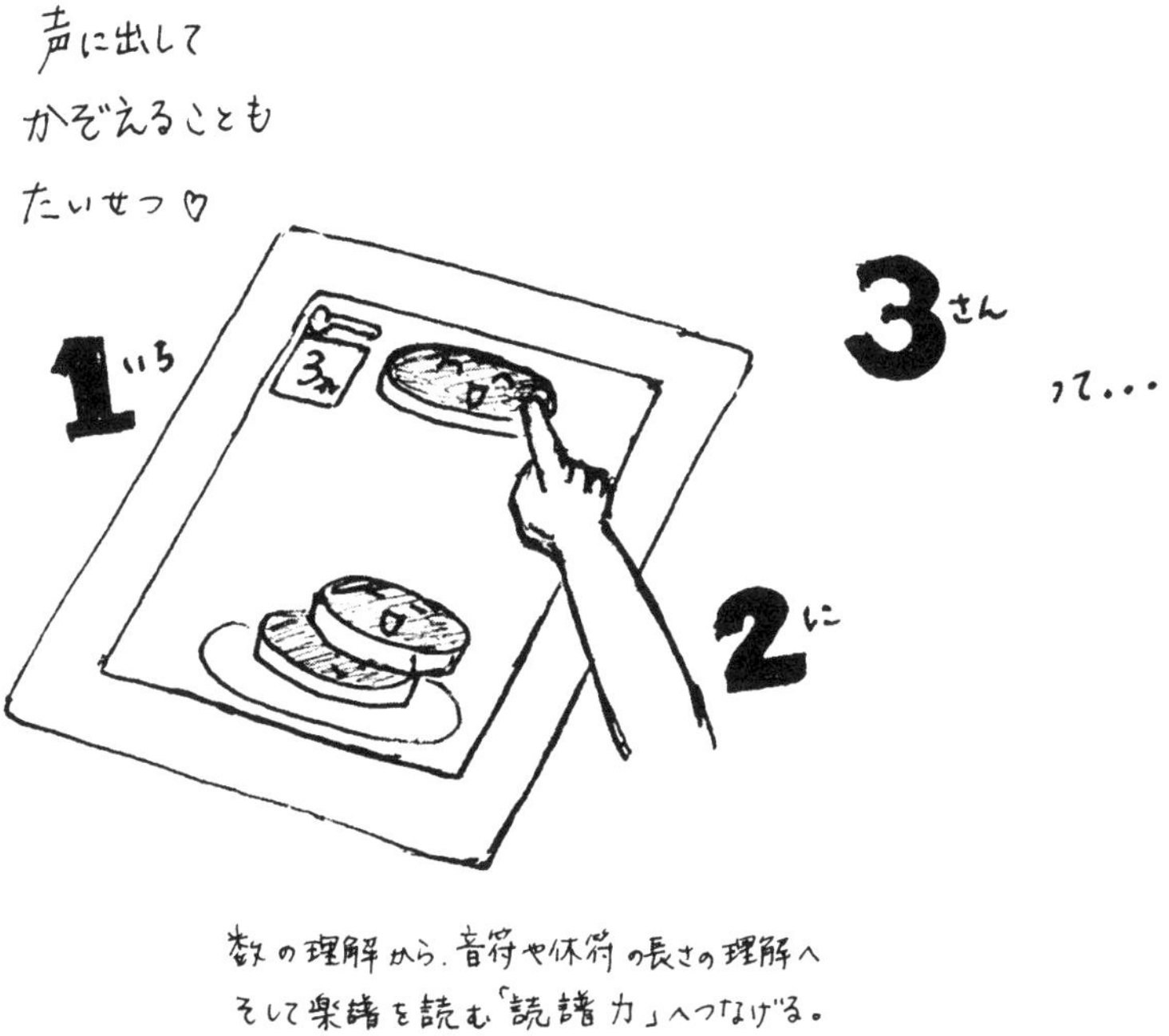

声に出して
かぞえることも
たいせつ♡
1いち
2に
3さん
って…
数の理解から、音符や休符の長さの理解へ
そして楽譜を読む「読譜力」へつなげる。

セッション&レッスンアイデア

・たとえば10枚と決めて、その枚数までどのくらいの時間がかかったか？　あるいは反対に30秒と決めて、その時間に何枚重ねられたか？　など一定の条件とゴールを決めてプレイさせてあげることで、その子がどのくらいできるようになったかの確認がしやすくなります。

・数に関することは焦らずにゆっくり、そしてしっかり定着させることが必要ですので、その他のアプリも使いながら、根気よく続けていきます。

その他のアプリ紹介

・かずタッチ……初歩的な数の理解を助けてくれます。

・いくつあるかな……立体キューブで数の把握をします。

『くらべる』を育てる

ものごとを比較してその違いに気づくことは、本や楽譜を理解する上ではもちろん、日常生活でも大切な能力です。また何かの作業を最後までやり遂げるには短期記憶も必要となります。その2つの能力の確認やトレーニングができるのがこの活動です。

【かっぱのぷぅ～絵合わせ音合わせ】は、その子に合った難易度で、神経衰弱を楽しく遊べるアプリです。絵だけではなく、音だけでも神経衰弱ができますから、視覚優位の子でも聴覚優位の子でも楽しめるのが特徴。カードの枚数を「6・12・20枚」、プレイヤー数も「1人・2人」から選べます。

無料版は「楽器」のジャンルだけですが（それだけでもかなり遊べます）、お金を払うと「どうぶつ」「のりもの」「せいかつ」の3つのジャンルを追加できますので、選択の幅が広がります。

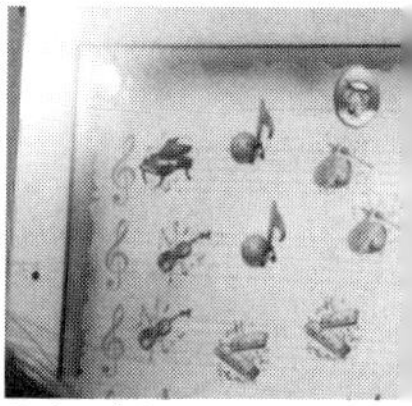
iPad アプリ「かっぱのぷぅ～絵合わせ音合わせ」

◎アセスメント・チェックポイント

・比較力のチェック

同じ絵柄を見分ける、同じ音を聴き分けるなど、神経衰弱特有のゲーム性で、対象を比較する能力を確認します。

・短期記憶の保持力チェック

プレイ後、少し時間をおいて「どんな楽器があった?」と聞くことで、短期記憶の保持力も測定できます。

・集中力のチェック

カードの枚数が12枚、20枚と増えると集中力も必要。最後までやり遂げられるかどうかもチェックします。

・他者への配慮をチェック

2人プレイでは相手に「譲る」ことや、交互に遊ぶ「順番」への理解も確認できます。

ぐる

うれしいんだ

73　ネタ帳 For Kids 福田りえ

と
ど
と
ゲームからリアルへ
れ
ど
ど
ど
みて
おなじ!
れ
アッ!
と
くらべることから"おなじ"と"ちがい"を
見出せるチカラがついてくる!

セッション
&レッスン
アイデア

・神経衰弱ゲームは譜読みにつなげるためにも有効な遊びです。ここではゲームから、ピアノの鍵盤や楽器に導くことを目標にしていきます。
・アプリの「おまけのページ」では、それぞれの絵が影絵で音だけ出ますので、楽器を用意して「本物はど～れだ？」と触ってもらったりします。また、ドからシまでの音名に関連した絵柄や色音符などを描いた紙のカードを２枚ずつ用意して、「ドレミ神経衰弱」をしてみたり、さらにその絵柄や色を鍵盤に貼って、実際のピアノへと導いていきます。

その他の
アプリ紹介

・どうぶつ神経衰弱～音とイラストの組み合わせ……カードの配置が規則的でより簡単です。
・無料 記憶力ゲーム 楽器フォト……神経衰弱ゲームで、楽器とその音を知るのにも有効！

まね

74

あるくの

『つたえる』を育てる

楽しみながら創造力を刺激する

ピアノだと読譜や奏法に時間を割くため、つたえる＝表現力の育成は後回しになりがちです。しかし障がいをもつ子どもたちにとって、音楽で自己を自由に伝え、そして豊かに表現することは、またとない成長の機会です。

【Fingertip Maestro】は、年齢や能力にかかわらず、自由な発想を音や音楽に簡単に変換してくれる、いわば新しい時代の「楽器」と言ってもよいかもしれません。画面全体に敷き詰められた全72枚のカラフルなマス目。そのそれぞれに1音ずつが割り当てられていて、両手を使って自由にタッチしていくことで、即興的な音楽を作り出していきます。適当なデタラメ弾きでも、美しいメロディを奏でる瞬間があるのがとても不思議で楽しいところ。演奏は記録できるので、作品としてほかの人に聴いてもらうこともできます。

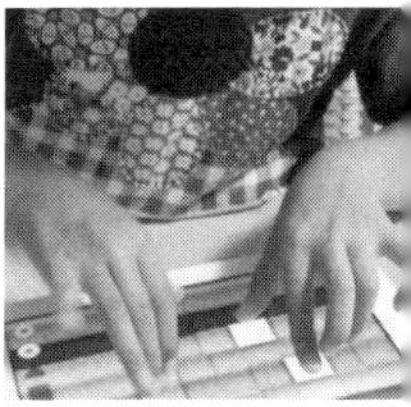

iPad アプリ
「Fingertip Maestro」

◎アセスメント・チェックポイント

・創造性のチェック

まずは、ただ画面を触っているだけなのか、それとも音楽を作り出そうとしているのかを見きわめます。

・音楽性や共感力をチェック

決まった刻みの音などを指導者が提供し、一緒にセッションできるのかどうかを見ることで、潜在的な音楽性や共感力などを計ることができます。

・音の好みをチェック

興味のある音が一定かどうかをチェック。その他、明るい長和音が好きなのか、それとも暗い短和音が好きなのか、またその日の体調によって違いがあるのかなど、さまざまな音の嗜好をよく観察します。

出して

い

75 ネタ帳 For Kids 福田りえ

学校の先生へ
おばあちゃんへ
パパへ
作った曲が
メールで送れます♥
ねえ、聴いて〜！こんな曲ができたよ〜。

一人一人のこだわり。音に対して色に対してなど、
よく観察してみてみると特徴の理解につながるかも。

セッション＆レッスンアイデア

・このアプリではメトロノームも設定できますので、一定したリズムに合わせて演奏したものを記録しておき、次にその自分の作曲した曲に合わせて、他の楽器でのセッションを促してみてもいいでしょう。他にも絵本などでストーリーを展開させながら、それに合わせてアプリで音を創作していくのもよいですね！

・ただ単に触って面白いだけのアプリでなく、曲ができたら歌詞を付けてみたり他の音や音楽を足したりと、アイデアに次第でとても幅広く使えます。

その他のアプリ紹介

・Sound Prism……タッチしたりスライドすることでも音楽が作れますが、ベース音と共にコードを鳴らすこともでき、Fingertip Maestroと同様、録音したものをメールなどで送信可能！

しよ

76

げんき

被災地で熟成されたネタの数々

智田邦徳

東日本大震災の被災地となった三陸沿岸の町（岩手県宮古市、山田町、大槌町、大船渡市、陸前高田市など）を巡回して、仮設住宅に住む人々などを対象とした「歌と体操のサロン」や子ども向けの音楽療法を届ける日々が続いています。4年数か月で活動内容も、提供する際の方法も大きな変化を遂げました。一番大きな変化といえば、プロジェクターとスクリーンの導入でしょうか。模造紙1枚1枚に毛筆で書き込んだ歌詞幕300枚余を持ち歩く日々から解放された他に、たくさんのメリットが生まれました。

①写真の上映

活動中の様子を記録するために毎回写真撮影をしていますが、2014年から参加者の皆さんに過去の活動の様子を見てもらう時間を設けた結果、とても良い反応が得られるようになりました。すでに仮設を出て新居に引っ越した方の顔を見て「懐かしいね」「元気でいるかしら」などの発言も。皆さん、少々寂しげな表情ではありましたが、かつての賑わいを見て「仮設住宅は仮の住まいではあるが、そこに住んでいる日々は仮の日々ではなく実体の伴った暮らしである」ことを再認識している場面であると思いました。津波の記憶は消してしまいたい、でも故郷の懐かしい記憶は忘れたくはない。そんな相反した複雑な感情は被災地にいる誰もが抱えています。

②動画での提供

被災地巡回の初期（避難所時代）は何もかもが手探りで、たとえばどんな楽曲を持ち込めば良いのか、どの年代の人がいつの時代の懐メロを欲しているのか（もしくは聴きたくないと思っているのか）がわからず、まさに場当

手

たりでいろいろな事態に対処しました。最も印象的だったのは、とある小学校の体育館に寝泊まりしていた男性が、毎週私の音楽療法を楽しみにしていて、張り切っていつも違うリクエストをしてくださったのですが、その方が大好きだという洋画の主題歌が非常にマニアックだったので、私が持ち歩いていた洋楽の楽譜に載っていないことがほとんどでした。そんな時は携帯電話にパソコンをつないでYouTubeから聴音して、慌ててキーボードで再現したのですが、その作業中「やっぱり本物のサウンドトラックの方が（私の拙い演奏より）いいね」と身も蓋もないことを言われて「そ、そうですね」と力なく笑ったものです。音楽療法士としてはなんだか手抜き（？）と罪の意識はありつつ、仮設住宅でも同じ状況があった時はご本人映像や本物音声を流して、参加者と一緒になって楽しむようになりました。

③脳トレやゲームの提供

仮設住宅での生活が長期化する中で、高齢の住民のうち何割かは生活不活発病という「以前の生活とは違う住環境で日常動作がおぼつかなくなり、それまでできていた作業が遂行困難になる」症状が出現しました。また、軽度認知障害という認知症予備軍になる危険性も増加してきたので、音楽療法の活動中に脳トレや身体運動、ストレッチなどを盛り込むようになりました。大画面で脳トレやクイズを提供すると、老眼の人や難聴の人でも容易に活動内容が理解可能になり、達成感を得られやすい効果が生まれました。精神的な負担を与えず、楽しみながら音楽と共に認知症予防が出来る音楽療法はこうして定着しました。

CHIDA Kuninori

1967年秋田県生まれ。日本大学藝術学部音楽学科声楽コース卒業。岩手県内の精神科、高齢者施設、子育て支援センターなどでのんびり仕事をする地元密着の臨床セラピストとして四半世紀。たまに大学や看護学校の先生をしつつ、2013年に一般社団法人「東北音楽療法推進プロジェクト」を設立。毎週末、顧問犬のタンタンやアシスタントなすちゃんと一緒に東日本大震災の被災地となった三陸沿岸を巡回して、歌と笑いと妙にキレのある踊りを届けております。ドタバタの毎日はブログ「歌うどんぐり。」でご覧ください！→ http://blog.ekollon.jp/

クイズで脳トレ

仮設住宅での脳トレ活動で、一番人気は「まちがい探しクイズ」というPowerPointを使った活動なのですが、これは縦4行、横6列、合計24個の同じ漢字（もしくはひらがな）が並んでいるスライドの中から、実は形は似ているけどちょっとだけ違う文字（たとえば「天と夭」「栗と粟」「戴と載」）を探して見つけるクイズです。負けず嫌いの多い高齢者は「われ先に！」と血眼になって競い合う、とても吸引力のある活動です。

これが定番となりつつあったある日、広汎性発達障がいの学童を対象にしたセッションで実施したところ、ふだんは集中や着席が難しかった子どもたちも、人が違ったように真剣な面持ちになり、食い入るように画面を見てゲームに興じてくれました。それまで何度か訪問していて、普通に楽器の即興や手遊びなどをしていましたが、なかなか彼らにハマる活動がなくて悩んでいたので、とても助かりました。ここからヒントを得て、まちがい探しの漢字を数字の9に替え、画面のあちこちに配置したり、他の数字の集団に紛れさせたり、雲に隠れさせて絵本仕立てにしたのが「わたしをさがしてね」です。何度か内陸の幼児教室や子育て支援センターの現場でも使ってみたのですが、絵本の読み聞かせに慣れている子どもたちや保育士さんたちにも好評でした。伴奏はキーボードを効果音っぽい音に設定、ページめくりや正解が出た時に派手に鳴らしています。

わたしをさがしてね

よろこび

79 ネタ帳 For Kids 智田邦徳

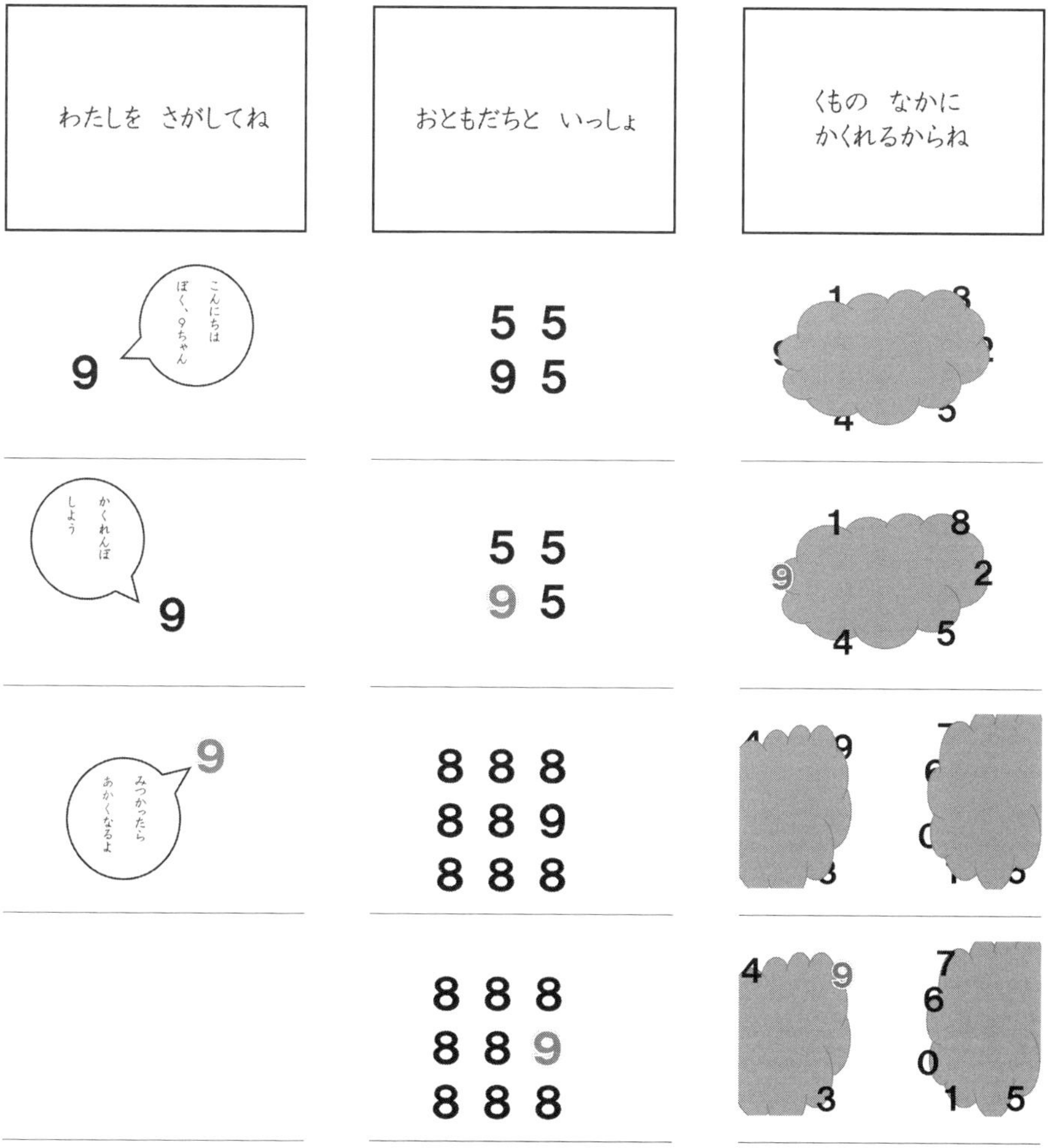

わたしを　さがしてね	おともだちと　いっしょ	くもの　なかに かくれるからね

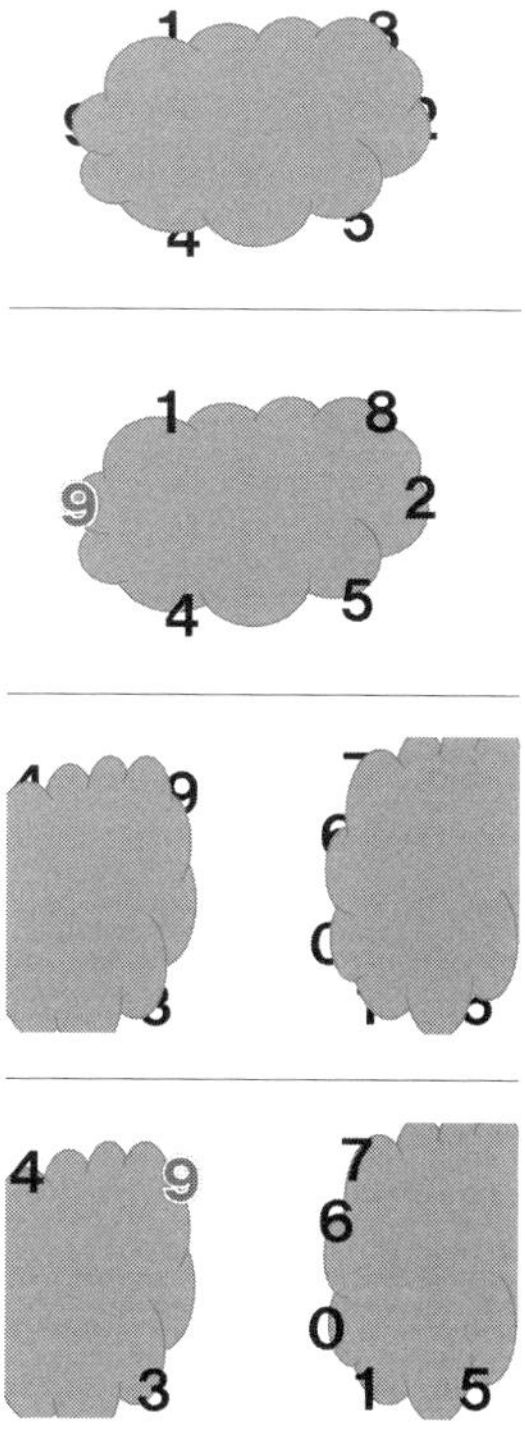

(リーダーの

こー（る）

一緒に遊ぼう

子ども相手の仕事の何割かは、子どもと一緒にお母さん（もしくはお父さん、祖父母）が参加しています。いわゆる（正確な言い方ではないですが慣習的に）「母子セッション」と呼ばれている類の仕事です。主催する保健師さんや保育士さんからは「お母さんたちが自宅で子どもと遊ぶ際に、どう接していいか悩んでいるとの声もあり、一緒に楽しめる内容を」とオーダーをい

あそびにきたのは

ただきます。子どもが活動中に見せる普段とは違う表情や反応で、お母さんたちに気づいてもらうことも大事ですが、お母さんが自分でも心の底から楽しんで笑ったり夢中になっている姿を子どもに見せることも、同じように大事なのではないかと思っています。ですから、子ども向けの活動のところどころに、大人が見てもクスっと笑えるような小ネタを挟むようにしています。

「♪あそびにきたのはだれかしら」という歌いだしのこの歌（活動）は、図形を組み合わせた一軒家のイラストに、次々と手書きの動物たちが訪ねてくる絵本仕立てになっています。反復することで子どもの集中を狙い、動物が出た場面では「真似してみましょう」と模倣をさせます。大人向けにちょっとだけ動物の代わりに浅香光代とか叶姉妹なども登場するのがミソです。

手

たとえ

81 ネタ帳 For Kids 智田邦徳

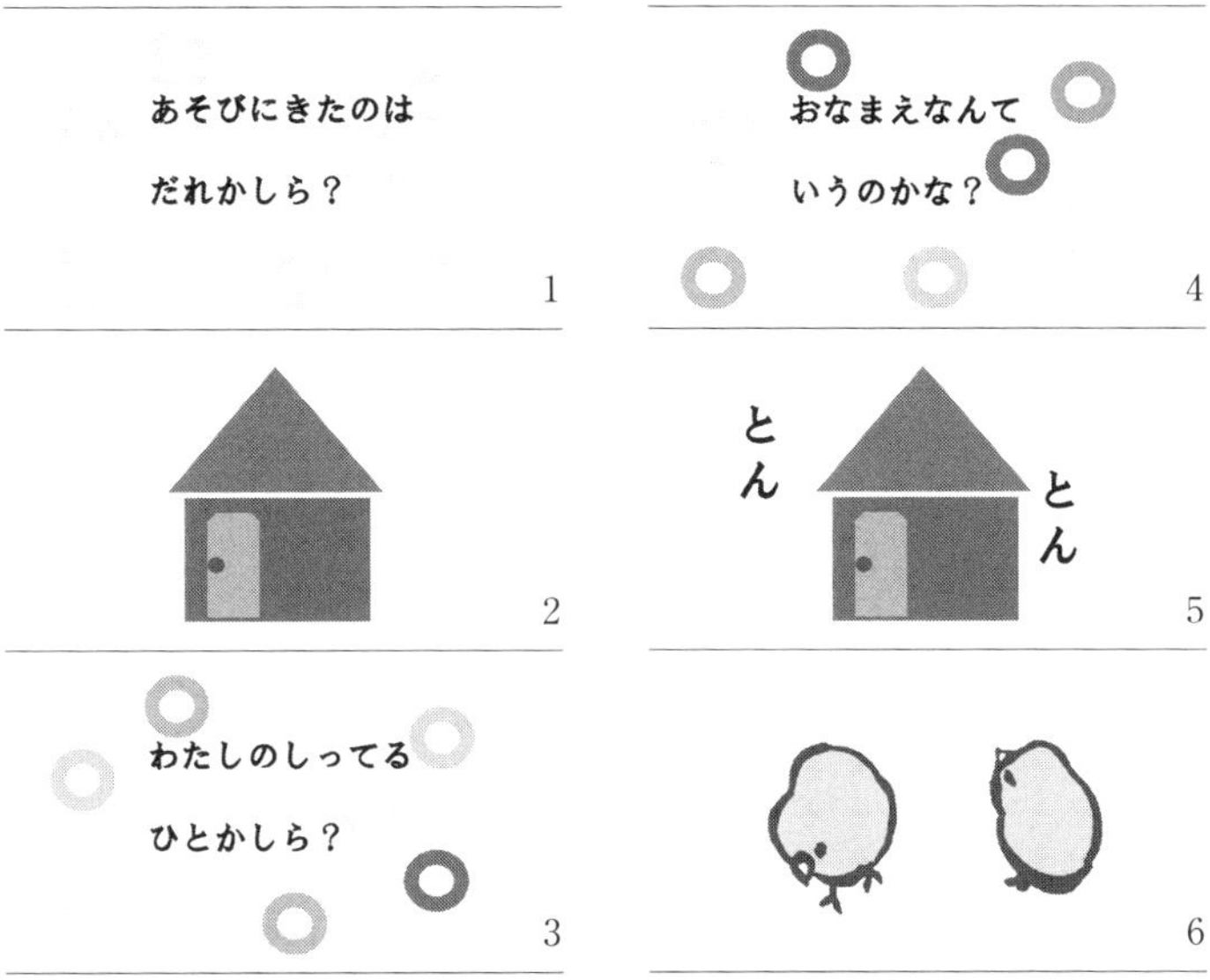
あそびにきたのは
だれかしら？
1
2
わたしのしってる
ひとかしら？
3
おなまえなんて
いうのかな？
4
とん
とん
5
6

あそびにきたのは

作詞・作曲　智田邦徳

あ そ び に き た の は だ れ か し ら
わ た し の しっ て る ひ と か し ら
お な ま え な ん て い う の か な
トン トン
（は〜い）

ポー

ある

のって

楽しく

回文&方言

以前のネタ帳でたくさんの回文をイラストとともに掲載してもらいましたが、あれからさらに「方言」というカテゴリーでスケッチブックのネタがどんどん増えていきました。もちろん、被災地を巡回するうちに見聞きした三陸地域の方言もたくさんマスターしました。沿岸に住む人は総じて「言葉がキツイ」と言われていますが、辛辣な悪口に思えるような表現でもどこかに愛らしいユーモアが含まれていて、それほど嫌な感じを受けないのが不思議だなあといつも思っています。海風の吹き付ける浜辺の夏のように、気持ちのよいカラッとした爽やかさもあります。

「すまこねこ」というのは「すまこ＝隅っこ」にいる猫のように、同じ部屋にいてもあまりしゃべらずにじっとしている子どもなどを揶揄する表現ですが、裏返せば「こっちに来て一緒に話をしようよ」という愛情のあらわれなのだと思います。仮設住宅の集会所でいつも後ろにいて、活動をじっと見ていた私のアシスタントなすちゃん（1日に5回しか喋らない大人しい肥満）も、そんな皆さんからの愛情ある叱咤激励のおかげで、いまでは堂々と腰をくねらせてラテンダンスを披露するまでになれてきました。見事「すまこねこ」から進化して「おだづっこ」（おだづ＝悪ふざけ）になって、頼もしく活動を支えてくれる相棒になってくれています。

イラスト
智田邦徳

ン

むねの

[活動のしかた]

キーボードのリズム機能を用いて、BPM120くらいの速度でエイトビートを鳴らします。最初に文字を見せて「セラピストが発音→参加者が発音→イラストを見せてセラピストが発音→参加者が発音→次のお題へ」という流れです。簡単な言葉から徐々に長くて難しい言葉にレベルアップします。

■回文

しきりと威《い》張《ば》る
アルバイト力士《りきし》

確《たし》かイカに
貝《かい》貸《か》した

わしの庭《にわ》の
ワニのしわ

■方言

すまこねこ

すてでんぎ

「すてでんぎ」
片足でぴょんぴょん跳ねる子どもの遊びで、ケンケンパーのことだと思われます。

てどなし

「てどなし」
手芸や繕い物の技術がない、から派生してざっくりと不器用な人というニュアンスです。

ズ!!)

こー（る）

世界に一つだけのオリジナル「関係性の」音楽を作る活動

赤羽美希

「いろんな立場の人が同じ場で思い思いに音を奏でることを楽しめる」、そんな場作りを夢見て、音楽ワークショップの活動を始めてから10年近くになります。これまでに、自主開催のワークショップや保育園、老人ホームなどの場で出会った人たちと、創作や音楽遊びの活動をしてきました。

　私が実践してきた活動は大きく分けて2種類あります。ひとつは即興演奏のような誰もが自由に音を奏でる音楽活動、もうひとつは共同創作のような、参加者同士の対話を通して音楽ができ上がっていく「関係性の」音楽活動です。今回紹介する活動は、後者の音楽活動の中から生まれたものです。この音楽の価値に気づかされたきっかけは、2007年に立ち上げた「うたの住む家プロジェクト」*でした。

　このプロジェクトでは、さまざまな人と一緒に「うた」を作ります。これまでに、0歳の赤ちゃんからお年寄り、障がいのある方、外国の方などいろんな人が参加してくださいました。その中で私が大事にしてきたことは、「その時その場にその人がいなければ成り立ち得ない音楽を作ること」です。

　うた作りの中では、雑談の中で誰かが発した言葉や口ずさんだメロディを繋ぎ合わせてひとつの曲に紡いでいきます。ワークショップの楽しい雰囲気の中で生まれた歌詞は、主にファンタジーですが、その日の天気やそのときに起こった出来事、さらにそこにいた人たちの抱える現実も同時に含んでいます。参加者の高校生の淡い恋愛、障がいのある参加者が日々の生活の中で抱く憧れや親に言われ続けてきた言葉など、参加者一人ひとりの生活が含まれた楽曲が実際に誕生しました。この

きずが

85 ネタ帳 For Kids 赤羽美希

プロジェクトで創作した楽曲は１００曲以上ありますが、それぞれの曲を聴くと、その時そこにいた人たちのことや彼らとのやりとりが思い出されます。曲そのものが、その時の状況やその場にいた人たちのかかわりを記録する「ドキュメント」になっていることに気づかされ、できあがった楽曲が愛おしく思えました。

参加者のみなさんは自分たちで作ったうたを、その後長時間経過してもよく覚えてくれています。ワークショップの時に一緒に創作することが楽しいのはもちろん、「うた」という形にすることで、いつでも思い出してうたってもらえる、またその際に曲作りをした時のことを懐かしく思い出すことができる、そんな良さが「うた」にはあるのでしょう。

こうした経験から、私の音楽ワークショップでは、参加者が演奏すること自体にカタルシスを感じられることを目指すとともに、その場にいる人たち固有のアイディアを繋ぎあわせて、世界に一つだけの「オリジナルの」、参加者のやりとりが反映された「関係性の」音楽を作ることを大事にしたいと考えています。

今回紹介する活動は、これまで私が出会って、一緒に音楽をした人たちと作った曲や音楽の実践方法です。３つの活動はすべて、ワークショップに参加している人たちがその場で創作する部分を含んでいます。この活動を実践しながら、みなさんが出会った人たちと新たな関係を作り、それぞれの関係性が記録されたオリジナルの音楽を創作していってくださいね。

＊主催：即興からめーる団（赤羽美希＋正木恵子）、共催：うたの住む家実行委員会

AKAHANE Miki

音楽家。奈良女子大学文学部（教育文化情報学専攻）卒業。東京藝術大学大学院音楽研究科修了。在学中に音楽療法を学ぶ。卒業後、演奏・作曲活動と並行して、コミュニティ音楽プロジェクト「うたの住む家プロジェクト」「ザウルスの音楽ワークショップ」を主宰。保育園や老人ホーム、学校等でも音楽遊びや作曲ワークショップを行う。現在は教育・研究活動にも携わり、実践・研究・教育の幅広い分野で精力的に活動している。即興からめーる団（赤羽美希＋正木恵子）メンバー。東京音楽大学音楽教育専攻、和洋女子大学非常勤講師

ある

導入の活動

スキウタ

ここでは、初めて会う人同士の緊張をほぐすのに役立つ自己紹介のうたを紹介します。参加者と会話するためのきっかけとして、この活動を行なうことで、後のワークショップがスムーズに進むでしょう。

「スキウタ」は、「リズムとからだで遊ぼう」*という親子のための音楽ワークショップでできた作品。この作品を作ったときのワークショップでは、初めて参加するお子さん（2歳）とお母さんたちが、慣れない場所になかなか馴染めずにいたので、一人ひとりの好きなものについてのんびり会話しながらワークショップを進めていきました。「好きなものはどんなもの？」「レモン！」というやりとりをするうちに、場が和んでいい雰囲気に。このやりとりがそのままうたの歌詞になりました。

この曲はその後、いろいろなワークショップで導入の活動として使用されています。曲の前半は決まった歌詞とメロディで構成されていて、ゆったりした雰囲気がみんなの心に寄り添い、後半の11〜12小節ではテンポが速くなって気持ちを盛りあげてくれる魔法のような歌です。参加者一人ひとりの「スキウタ」をみんなで楽しんでくださいね！

［活動のコツ］

この活動では、好きなものについて参加者と会話しながら、コミュニケーションをとることが大事です。一人ひとりの好きなものについて話しながら、それをみんなで共有して歌っていくうちに、場はすっかりいい雰囲気！

＊主催：表現クラブがやがや
ファシリテーター：即興からめーる団

ギス

いたんで

87 ネタ帳 For Kids 赤羽美希

スキウタ

作詞作曲　リズムとからだで遊ぼうワークショップ参加のみなさん
＋赤羽美希＋正木恵子

♩=88
mp
すきなものはどんなもの
すきなものはどんなもの
だんだん速くしていって、突然止まる。
回数はお好みで、増やしても減らしても良い。
accel.
(例：レモンレモンレモンレモンレモンレモンレモンレモン
レモンレモンレモンレモンレモンレモンレモンレモン
a tempo
ここで「はい」と声をかけると歌いやすい。
mf
レモン)です
p

（ポーズ）

みんなで創作

私は高校生と毎年うた作りをしていますが、オリジナルの歌詞やメロディをみんなの前で提案するのはなかなか恥ずかしいようです。そこで考えたのがお手紙回しうた作りです。お手紙回しの要領で紙を順に次の人に回して歌詞を作り、その後、メロディをつけます。この方法では、どこからどこまでを誰が作ったのかがわからなくなるので、創作に抵抗がある人でも簡単に取り組むことができます。

最後には一人では作り得ない不思議な音楽のできあがり!

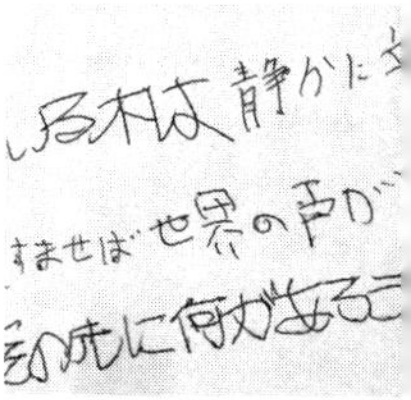

お手紙回しうた作り

［活動のしかた］

①歌詞を作る

最初に一人が紙に一文字から一単語くらいの言葉を書き、できたら紙を次の人に回し、次の人はそれに続く言葉を考えます。後のメロディ作りが大変にならないよう、なるべく短い文字や単語を繋げましょう。「意味の通った文章になるように繋げましょう」と声かけをすると歌詞がまとまります。

②作った歌詞にメロディをつける

自由にメロディを歌える人がいれば、その人の提案を積極的に取り入れましょう。なかなか音が決まらない場合は、一人ずつ音を提案してもらいます。ファシリテーターが「ドレミソラのうちどの音にする?」と使う音を限定して、そこから音を選んでもらったり、「次の音は上げる? 下げる?」と質問して、答えを引き出してもよいでしょう。

イラスト
赤羽美希

もー

89 ネタ帳 For Kids 赤羽美希

「キミの声」

風の中	キミの声	聞こえてくる
Aさん	Bさん	Cさん
春の	風が	ささやく
Dさん	Eさん	Fさん
ぼくの	気持ち	届くかな？
Gさん	Hさん	Iさん

次の音は
前の音より
あがる？
さがる？
次の音は
ドレミソラのうち
どれにする？
ソ
ちょっと
あがる！
3つ
さがる！

キミの声

作詞・作曲　信濃むつみ高校の高校生＋赤羽美希

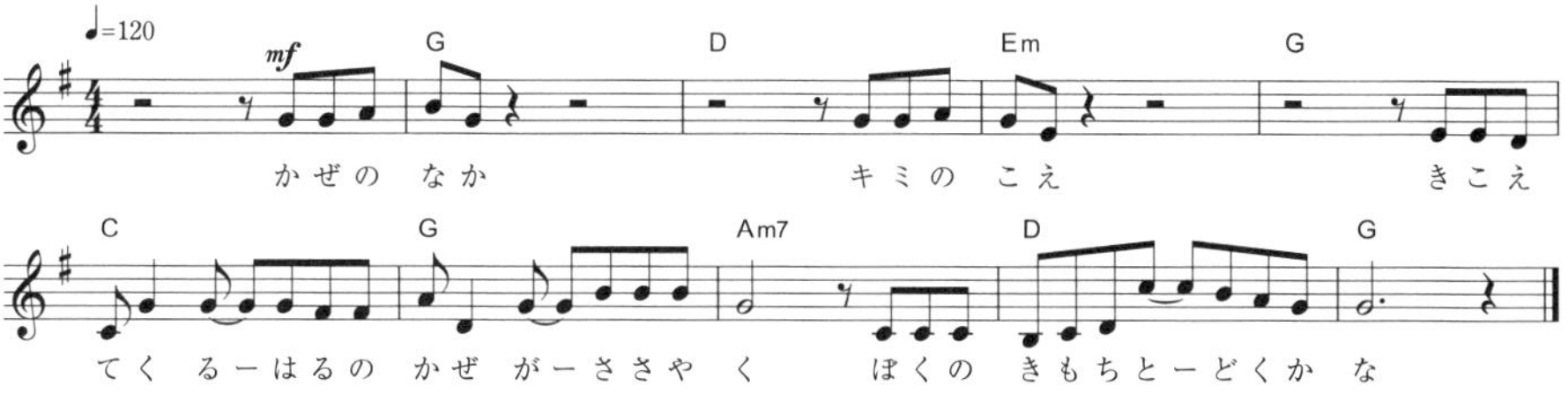
♩=120
mf
G D Em G
かぜの なか キミの こえ きこえ
C G Am7 D G
てく るーはるの かぜ がーささや く ぼくの きもちとーどくか な

［活動のコツ］
①１音繋げるごとにファシリテーターが楽器で音をとり、みんなで歌います。音が取りづらい場所を確認しながら、歌いやすい音に変えてもよいでしょう。

②メロディを作るのが難しい場合は、使う音を限定して、その中から音を選んでいくとメロディがまとまりやすいです。たとえば、次の５音だけを使ってメロディを作ってみましょう。
ド・レ・ミ・ソ・ラ（童謡風）
ド・ミ・ファ・ソ・シ（沖縄風）
レ・ミ・ファ・ラ・シ（和風）

め

自由な演奏を引き出す

指揮ありの即興演奏
ジャズのアドリブ風!?

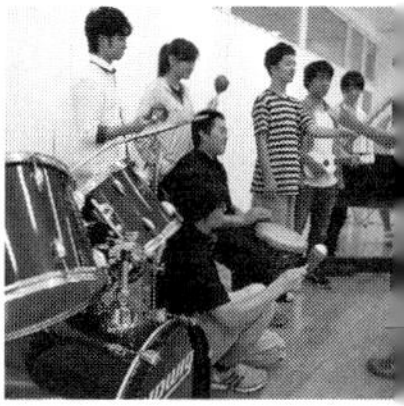

保育園では、うたに合わせて決まったリズムを叩く活動がよく行なわれますが、決まったリズムを繰り返し叩くこと、さらには歌いながら楽器を演奏することは園児にとっては難題。保育士さんからは、子どもたちには楽しく楽器を演奏してほしいのに……という声をよく聞きます。そこで考えたのが、うたの間奏で楽器を使い、指揮を伴った即興演奏を行なう方法です。ピアノは伴奏を続け、そこにジャズのアドリブのように即興演奏をのせていきます。

指揮を伴った即興演奏の良いところは、簡単なルールで楽器を思い切り鳴らせることと、誰もが指揮者となり、それぞれが個性的な表現ができることでしょう。そこにピアノの伴奏が加わると、曲のはじめと終わりが明確になり、指揮の即興演奏に音楽としてのまとまりを与えることができます。

［活動のしかた］

①指揮のルールを作る

最初にファシリテーターが指揮者、参加者が演奏者となって演奏をしてみます。演奏者はどのような楽器を選んでもかまいません。指揮の基本は、「指揮者の手が上がったら音を出し、完全に下りたら音を止める」こと。それができたら、「手が上の方にあるときは大きい音、下の方にあるときは小さい音にする」という強弱をつけます。慣れてきたら、その他にも参加者みんなでさまざまな指揮のサインを作ってみましょう。サインのバリエーション例（92ページ）を参考にしてみてください。指揮のルールがわかってきたら、参加者に指揮者をやってもらいましょう。

ン

②グループに分かれて演奏

次に楽器ごとグループに分かれます。並び方は、たとえば、左側に金属系の楽器、右側には木質系の楽器などといったように、左右で異なる音色が聴こえる配置にすると、左と右の音響がくっきり変わって面白いでしょう。右パート、左パートに分かれて2チームで演奏したり、さらに細かく右手、左手、右足、左足に各楽器を割り当て、指揮者が該当の手または足を上げたら、そのパートの人が音を鳴らす、口を開けたらみんなで声を出すなど、さまざまに発展させて演奏を楽しみましょう。

③知っている曲と指揮の即興を組み合わせて演奏

譜例（93・92ページ）のように「うた→間奏〈指揮の即興〉→うた」のように構成し、うたの部分はみんなで歌い、間奏で指揮ありの即興演奏をします。

まもるた

〈間奏〉
ここから指揮を伴った即興演奏
1.（即興演奏の例）
ああ　おもしろい　むしのこえ
即興演奏の部分を長くしたい時は、１番カッコを何度かくり返します。
声
あ
2.
え
8va

［活動のコツ］
①活動を始める前に、それぞれの楽器を使って、いろんな音の出し方を探索する時間を設けると参加者の楽器への興味が増します。参加者が見つけたいろいろな奏法に独自のサインを決めて、指揮に取り入れてみても面白いでしょう。
②指揮者はどんな人でもできますが、参加者から指揮者を選ぶ際は、まずはルールを理解している人を指名し、みんなの模範になってもらいます。仲間を見ているうちに、みんなが指揮のやり方をだんだん理解してくるでしょう。ダイナミックな指揮、パワフルな指揮、繊細で小さい指揮など、指揮者のキャラクターが演奏に表れてくるはずです。
③指揮者は、アクセントのついた短い音とクレッシェンド、デクレッシェンドの波のある長い音をうまく組み合わせるとかっこいい演奏になります。

指揮のサインの
バリエーション例

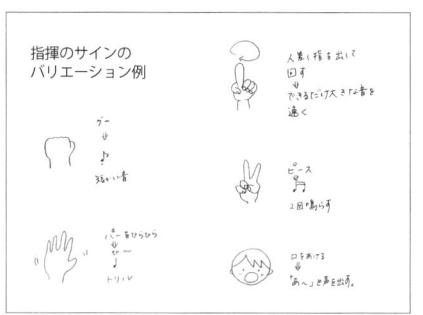

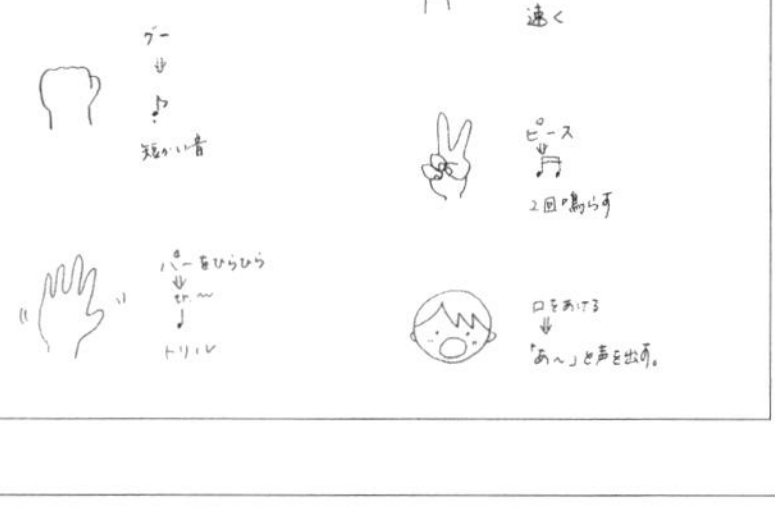
人差し指を出して
回す
できるだけ大きな音を
速く
グー
短い音
ピース
２回鳴らす
パーをひらひら
トリル
口をあける
「あ～」と声を出す。

ジ

93 ネタ帳 For Kids 赤羽美希

あ

虫の声

文部省唱歌
編曲　赤羽美希

♩=52~72
トライアングル
カスタネット
鈴
タンバリン
mp
あ れ ま つ　む し が　な い て い　る
p
チン チロ チン チロ　チン チロ リン
mf
あ れ す ず　む し も　な き だ し　た
mp
リン リン リン リン　リ ーン リン
あ き の　よ な が を
mf
な き と お　す

ポーズ！）

対象児とのコミュニケーションの回路をひらく

二俣　泉

かかわりにくさの原因

知的障がい・発達障がいの子どもとかかわるとき、「かかわりにくい」と感ずることがあります。

それはなぜでしょう？　理由のひとつは、彼らが「平均的人々とは異なる刺激の受け取り方」をしているからだと考えられます。

知的障がい・発達障がいの子どもは、「平均的な子ども」なら喜ぶような働きかけでも、それを受け止められずに拒絶したり、「かかわられていること」自体に気づけなかったりします。だから「平均的な子ども」と同じ調子でかかわると、彼らから予想外の反応があり、違和感を覚えるわけです。

彼らの「刺激の受け取り方の特異性」は生来的なもので、根本的に変わるのは難しいものです。許容度が少し広がることはあっても、生来の傾向は持続していくと考えた方がよいでしょう。彼らへの支援を行う際には、彼らが受け止めやすい「かかわり方」を工夫して、彼らとの「コミュニケーションの回路」を開いていく必要があります。

実際の場面を通して考える

知的障がいのある2歳の子ども（親以外とではコミュニケーションが難しい）と、音楽療法士が音楽を通して関係を結んでいった事例を紹介します。

音楽療法を開始してまだ間もない頃、この子どもは母親にしがみついていて、その場の活動に参加しようとしませんでした。音楽療法士は、即興で短いフレーズを歌い、フレーズの切れ目でタンバリンを母親に差し出しました。母親がその「音楽の切れ目」でタンバリンを叩いて鳴らしました。何度かそれを繰り返した後、「音楽の切れ目」で

イラスト　二俣　泉

95 ネタ帳 For Kids 二俣 泉

アンパンマン

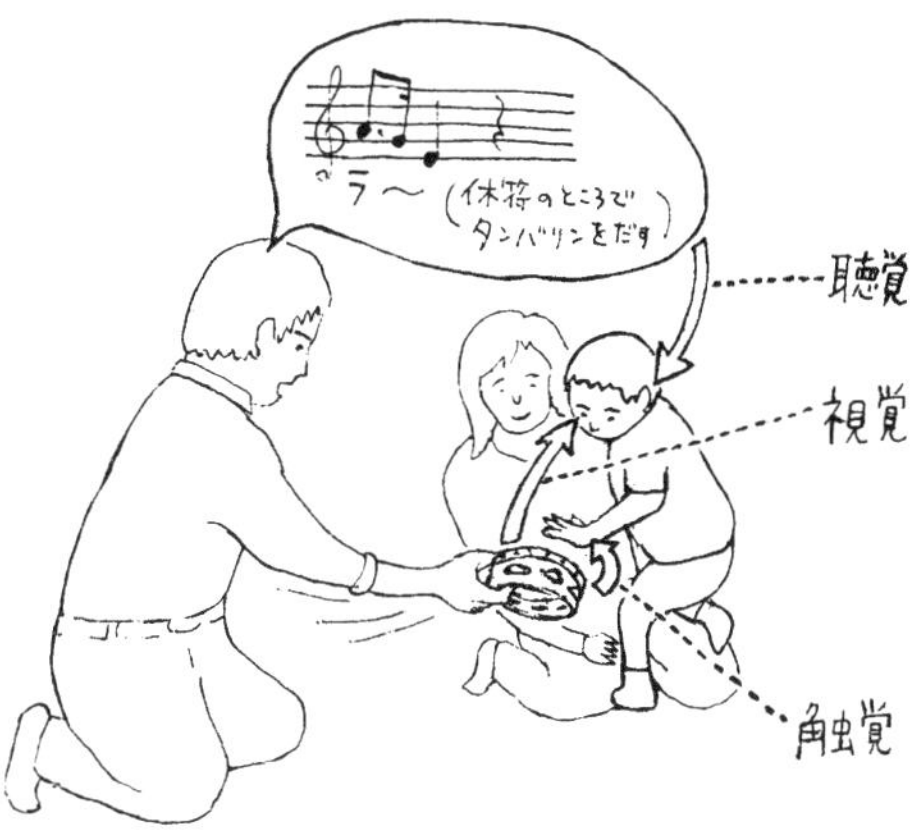

子どもにタンバリンを差し出すと、子どもはそれを叩きました。この遊びを何回か繰り返すうち、その子は母から離れ、音楽療法士と活動できるようになっていきました。この場面を分析してみましょう。

この場面では、子どもは「音楽療法士の歌う短いメロディの後に、母親がタンバリンを鳴らす」のを見ています。まず、これが子どもにとって「モデリング（お手本）」として機能しています。また、子どもがタンバリンを叩く際、音楽療法士の歌およびタンバリンの音という聴覚刺激、タンバリンが眼前に出されるという視覚刺激、タンバリンに触れた時の触覚刺激という、複数の感覚に刺激が入力されます。このように、「複数の感覚」に働きかけられるところが、音楽療法の大きな利点です。ただ注意が必要なのは、複数の感覚にアピールすればよいわけではない、という点です。発達が初期レベルにある子どもは、雑多な刺激が複数の感覚器官から同時に入力されると受け止めきれません。刺激はあくまでも「シンプル」に、そして「子どもにとってわかりやすいもの」にすることが必要なのです。刺激を受け取る力の弱い子どもの場合でも、子どもが受け止めやすいシンプルな刺激と、子どもが反応しやすいように楽器や遊具などを呈示することで、子どもからの反応を引き出せることが多いのです。

東京生まれ。国立音楽大学器楽学科卒。同大学大学院修士課程（音楽教育学専攻）修了。筑波大学大学院修士課程（障害児教育専攻）修了。ノードフ・ロビンズ音楽療法オーストラリア卒。日本音楽療法学会認定音楽療法士。現在、東邦音楽大学准教授。著書：『音楽で育てよう子どものコミュニケーション・スキル（共著・春秋社）』『音楽療法を知る（共編著・杏林書院）』『音楽療法士サバイバル・ブック（杏林書院）』ほか。

HUTAMATA Izumi

（ポーズ）

対象者にふさわしい「課題」をちりばめる

音楽療法において、対象者の音楽行動（歌ったり、楽器を演奏したりすることなど）は重要ですが、「音楽以外の行動」もそれと同等です。「音楽行動以外の行動」は、対象者の生活に直結しています。対象者が日常生活をしやすくなるように、他者とスムーズにかかわれるように、彼らの「音楽行動以外の行動」が少しずつ高次のものへと変化するよう仕向けていく必要があります。子どもの音楽療法で、対象児が「曲を選び、それを音楽療法士に伝える」行動を例に説明します。

「選曲」の方法のバリエーション

歌唱でも楽器活動でも、対象児がどの曲を演奏するのか選ぶ（選曲）という行動がつきものです。一口に「選曲」と言っても、そこには複数の方法があります。それらを以下に挙げます（4の方がより高次の選曲方法）。

①音楽療法士があらかじめ決めた曲を提供（対象児は曲の選択を行なわない）

②音楽療法士が呈示する複数の選択肢から対象児が選ぶ

③対象児が「リクエスト」する

④複数の対象児で相談して選ぶ

以上の4種類の「選曲方法」の中に、さらに細かいバリエーションがあります。たとえば、②「選択肢を呈示する方法」の中には、「音楽療法士が口頭で複数の曲を言う」「文字で書かれた曲名を示す」なども考えられます。あるいは絵で示すこともあるでしょう。

対象児が「曲を選択する方法」もさまざまです。「『ドラえもん』と『サザエさん』の曲、合奏でどっちがやりたい？」と音楽療法士が尋ね、対象児が口頭で答える、曲名を示す文字カード（または絵カード）を指さすなど、多様

やさしい

な選択の方法が考えられます。尋ねる方法・答えてもらう方法は、その子が「今、できているレベル」から少しだけ難しいものを選ぶと良いでしょう。自分の今の能力の「ほんの少し先」の方法で答える機会は、対象児にとって「ほどよいチャレンジ」となるわけです。

楽器を選び要求する場面で

対象児が「楽器・遊具を選ぶ」場面も、「音楽行動以外の行動に関するちょうど良いチャレンジ」の絶好の機会です。たとえば、合奏で鳴らしたい楽器を選ぶ場合、さまざまな「選択・要求の方法」が考えられます。口頭で楽器の名前を言う、実物を見せて「指さし」で要求する、などなど。

机の上に楽器を並べて「楽器屋さん」のような設定にして、音楽療法士と対象者が楽器をめぐってさまざまなやりとりを展開することも可能です。こうした、子どもが楽しくなるような工夫をすれば、彼らがみずからの「行動のレパートリー」を拡大させるための「ちょっとした挑戦」を提供できるのです。

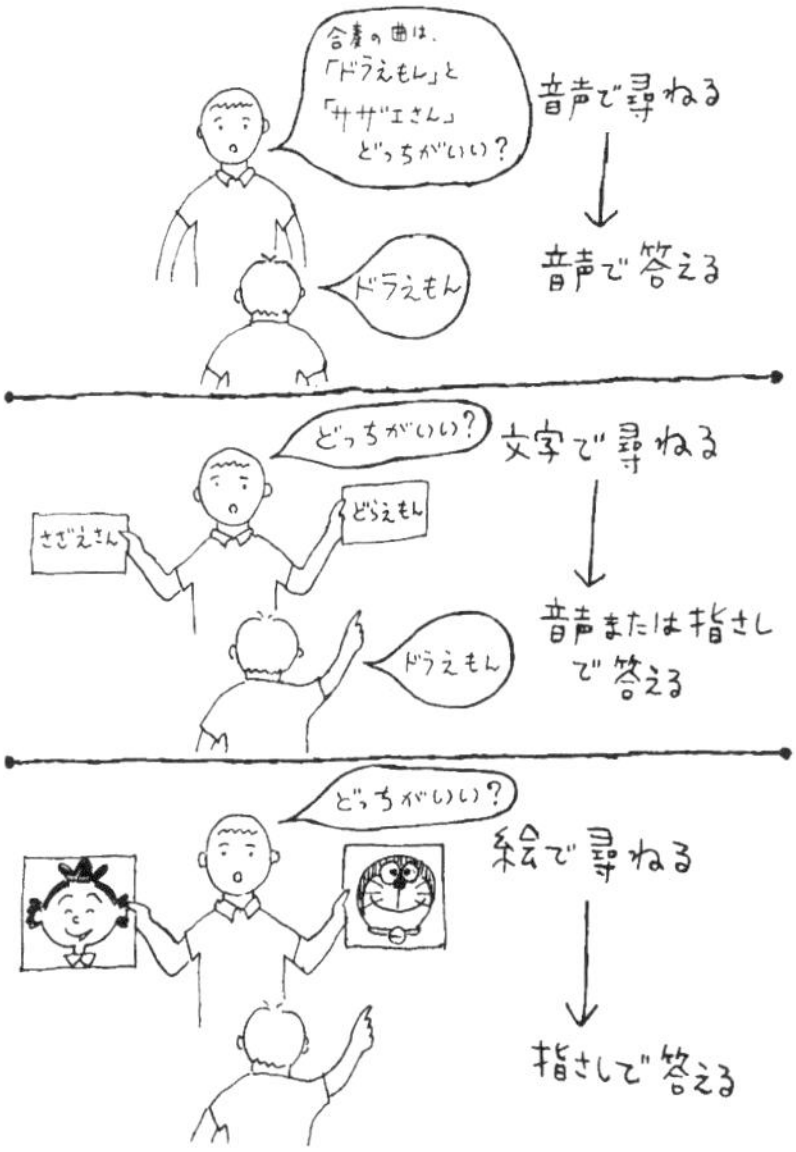

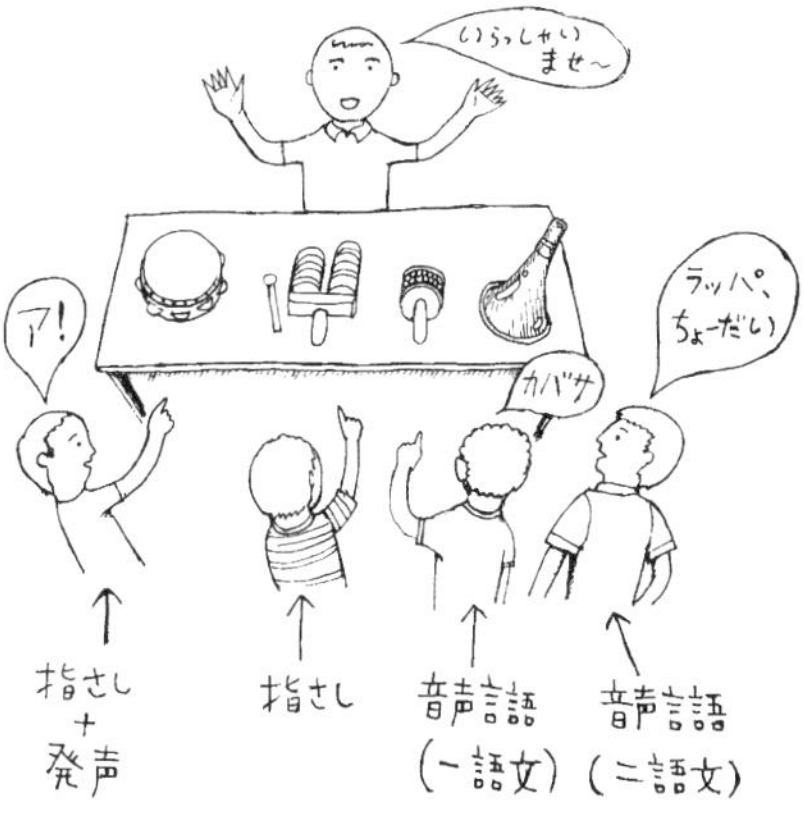

ジャン！

98

け

ふさわしい「ネタ」を見つけ出すために

対象者のニーズを「音楽に翻訳」

音楽療法実践で、個々の対象者やグループに「合った」ネタが思いつかないときには、対象者をよく観察し、対象者の性格、対象者の振る舞い、対象者の感情を「音楽に翻訳」してみることから始めてはどうでしょう。発達障がいのグループ音楽療法（中学生男子）の実例を通して説明します。

対象児のうち数名は「人とかかわるのは好き。エネルギーがあり余っている感じ」の人たち。対象者のムードに合っていて、対象者の望ましくない傾向を助長せず、楽しく、なおかつ「自分を適切にコントロールする」のに役だつのは、どんな活動でしょうか？

彼らの「大きいエネルギー」を音楽のジャンルに翻訳するなら、少し乱暴な音楽が合うような気がします。異性を意識する年齢ですから、曲のテーマは恋の歌もアリかも。また彼らは「エネルギーを発散する」体験が必要そうですが、同時に「必要に応じて自分を抑える」体験も大切。だとすれば、「激しい表現」と「ゆっくりしたテンポ」の両方がある曲がいい。そこで、THE BLUE HEARTSの「リンダリンダ」を利用した活動が考案されました。

活動の手順

大きく①（ドブネズミ…）と②（リンダリンダ…）の2つの部分があります。①は、皆で歌いながらミュージックベル（またはデスクベル）を鳴らすところ。椅子に座り、簡単な楽譜を見ながら、自分の持つベルを鳴らします（アルファベットが見分けられる対象児では、歌詞にCやGなどの音名を書き込んでおき、その文字を自分のベルと対照させて当該箇所を演奏してもらう。

ジンギスカン

振り付け：内田あずさ
漫画制作：石井美宣

99 ネタ帳 For Kids 二俣 泉

きみは

リンダリンダ　　作詞　甲本ヒロト

コード	C	Am	C	F	G
	ドブネズミ	みたいに	美しく	なり	たい
ベル	Ⓖ	Ⓔ	Ⓖ	Ⓕ	Ⓖ
	Ⓒ	Ⓐ	Ⓒ	Ⓒ	Ⓓ

C	Am	F	G	C
写真には	写らない	美しさが	ある	から
Ⓖ	Ⓔ	Ⓕ	Ⓖ	Ⓖ
Ⓒ	Ⓐ	Ⓒ	Ⓓ	Ⓒ

C　F　G
リンダリンダ　リンダリンダリンダ

C　F　G
リンダリンダ　リンダリンダリンダ

C　E_7　Am　E_7　F　G
もしも僕がいつか君と出会い　話し合うなら

C　E_7　Am　C_7　F　G　C
そんな時はどうか愛の意味を知ってください

C　F　G
リンダリンダ　リンダリンダリンダ

C　F　G C
リンダリンダ　リンダリンダリンダ

音名と色を対応させ、楽譜の歌詞のところに色のシールを貼り、該当のベルに同じ色のシールを貼ってもよい）。

①の部分が終了するところで立って自分のベルを椅子に置き、机まで急いでやってきて、好きな打楽器（マラカス、シンバル、タンバリンなど、特定のピッチのない打楽器）を持ちます。

そこで②が始まります。そこで音楽のムードはがらりと変わり、子どもたちは立ったまま、思い思いに打楽器を鳴らします（どのように鳴らすのか指定はなく、好きなように鳴らしてよい）。

②が終わったら、再度①、②を実行します。音楽療法士は、ピアノ（またはキーボード）の伴奏で、子どもたちの演奏を盛り上げます。子どもたちは、夢中になって活動に参加しました。

ネタを考えるヒントは、対象者の中にあります。この活動の成立を導いたのは、「エネルギーに満ちた中学生」たちなのでした（この活動は、音楽療法士・三瓶あずさ氏の考案した活動を基にしました）。

リーダーの部分は○○君など、名前を入れたりして、リーダーを交替して行ないます。

あてふり&パラパラまんが 作者コメント

「あてふり」のアイデアはおりてくる

智田邦徳

　あてふりは敬愛する先輩セラピストの平田紀子さんが20年前に山梨某所で講師をしていた時に実演なさっていて、非常に衝撃を受けてから「自分の現場でもやりたい」と思って始めました。彼女の洒脱さ、小粋な風情にはほど遠いのですが、自分なりにあれこれ工夫して今はすっかり定番の活動に。

　現在、Googleドライブに履いているレパートリーは30数曲ありますが、わりと即興ででき上がることが多いので（そしてその場で忘れることも多い）、実際はもっと踊っていたかと思われます。「よし作ろう」ではなく、ある瞬間おりてきます。

　仮設住宅や介護予防教室などでは、セッションの終盤（一番盛り上げたいところ）でドカンと披露すると、終わってからホットな感想をたくさんいただきます。

智田さんのプロフィールは77ページに掲載しています。

101

楽しいダンスの模倣活動

内田あずさ

「ペッパー警部」

これは、小学校中学年〜中学生6名のグループで行なった活動です。複雑な指示の理解は難しいお子さんが多く、感情の起伏が激しくて、急に泣いたり笑ったりするお子さんや、こだわりで自分の指の皮を剥き続けるお子さんなどがいました。セラピストの声かけに対する反応は増えていましたが、子どもがたがいを意識することはあまりなく、セッションのスタートは毎回静かな雰囲気でした。そこで、全員でできる活動で、おたがいを意識して、楽しく盛り上がれる活動はできないか……、と考えていた時にひらめきました。

動作模倣、行動のコントロール、役割交替、注目すること、などがこの活動の目的です。

みんな曲にのって踊り、リーダー役の子どもが思い思いのポーズを決めます。面白いポーズが提案されるとさらに盛り上がり、みんな素敵な笑顔を見せてくれました！　セラピスト自身も歌って踊れるアーティストの気分で見本を見せると、恥ずかしながらも楽しくて、全員で楽しんで活動できます。

「ジンギスカン」

こちらも同じグループで取り入れた活動です。私自身、「なんでジンギスカン？」と以前から不思議に思いつつ、一度聴いたら忘れられない曲なので、いつかセッションで取り入れてみたいなと思っていました。「ジン、ジン、ジンギスカ〜ン」の歌詞に合わせて手を繋いで回っていると、その場のみんなが自然と笑顔になってきます！

内田（島元）あずさ
日本音楽療法学会認定音楽療法士。日本大学芸術学部音楽学科音楽教育コース卒業。埼玉、千葉、東京の介護施設で高齢者を対象に音楽療法を実践。子どものこころ音楽療法研究会「ジュバラント」で発達障がい児を対象にした音楽療法を実践している。

おわりに

２００５年に出版した「音楽療法セッションネタ帳」は、10年の間、とても多くの方に支持され続けました。音楽療法士自身が、執筆とイラストの作画を担当するという、これまでなかったコンセプトで、「その人らしさ」「人と人がつながるぬくもり」を伝えました。

10年という年月を経た本書には、音楽療法の手法や音楽療法士自身の進化、成長、発展が随所に盛り込まれています。音楽療法の視点でアプローチする音楽活動を、ピアノレッスンや保育、学校の授業に、ぜひ取り入れください。ここに紹介した活動がきっかけとなり、楽しい音楽の活動が広がっていくことを心より願っています。

音楽編集者　芹澤一美

心ふれあう
セッション **ネタ帳**
For Kids

2015年10月10日　第1刷発行
2020年 1 月31日　第3刷発行

編　者　音楽之友社
発行者　堀内久美雄
発行所　株式会社　音楽之友社
〒162-8716
東京都新宿区神楽坂6-30
03-3235-2111（代）
振　替　00170-4-196250
http://www.ongakunotomo.co.jp
装　幀　光本順一
印刷所
製本所　株式会社シナノパブリッシングプレス

落丁本、乱丁本はお取替えいたします。

ISBN978-4-276-12214-7　C1073

日本音楽著作権協会（出）許諾第1509794-903号
Printed in Japan

音楽療法・レッスン・授業のための

セッション
ネタ帳
職人たちのおくりもの

音楽之友社発行
『the ミュージックセラピー』編集部 編
定価（本体 1600 円＋税）
A5 判並製・本文 128 ページ
ISBN978-4-276-12210-9　C1073

すべてはここから始まった！

音楽療法の視点と方法をたくさんの人に広めた、原点とも言うべき１冊

セッションに役立つ“ちょっとした小技”を、
熟練の音楽療法士 8 名が
オリジナルのイラストを交えて紹介する。

都築裕治
［発想の生まれる時］
スズ輪でオーケストラ / 二人羽織技法 リコーダー その 1/ 穴ふさぎ笛 リコーダー その 2/ 大ピック 2 種類 / エレキベース / ウクレレとキター / ポール / ポールベル / 吊りふうせん / 「吊り」シリーズ / キーボード / 補助鍵盤 ペタット・キー / 変身の小道具 / 板ダイコ・歩行板 / 都々逸式、替え歌づくり

下川英子
［「本当にこれで良いのか」を常に問いながら］
おはじきポップコーン / ボールマレット / カエルさんがポン / ストローフォーン / 時計タンバリン / 新体操リボン / 型抜き色あそび / 七色キーボード / おなかのすいたうさちゃん / ボタンゴム鈴

根岸由香
［世界にひとつだけの○○さんの楽器］
鈴シリーズ / リボンシリーズ / マラカスシリーズ / 洗濯板シリーズ / ふえシリーズ

田中美歌
［音楽で心の交流を図りたい］
音のシャワー / 大発明！ 大太鼓叩きマシーン / トントントン、何の音？

智田邦徳
［お笑い芸人のネタにヒントあり］
回文（面白逆さ言葉）/ 発音練習 いろんな「あ」

平田紀子
［ちょっと嬉しい伴奏が弾きたい］
「水戸黄門」風ボレロの弾き方
「銭形平次」一気呵成のリズミカルなイントロ
「港が見える丘」ムーディーなイントロ
「港が見える丘」ムーディーなエンディング
「津軽海峡・冬景色」三連スローロックの秘訣

よしだじゅんこ
［自由な音楽のよろこびを伝えるために］
宇宙語で話そう / ハンドベルで乾杯 / ぼくのすきなうた / お友だちを眠らせよう / オリジナルカラオケテープを作ろう / さようならのうた

二俣　泉
［対象児の望ましい行動を引き出すために］
字を書くことを練習する音楽活動 / カバサを使って、笑顔を引き出す / カバサを使った「発音」の練習 / 楽器呈示における「焦らし」

【付録】
平田紀子、智田邦徳のパラパラまんが・あてふり 5 題
365 歩のマーチ／命くれない／青い山脈／アンコ椿は恋の花／世界は二人のために

音楽之友社
〒 162-8716　東京都新宿区神楽坂 6-30　03-3235-2111（代）　http://www.ongakunotomo.co.jp